趕著驢車去新疆

鍾振翅 著

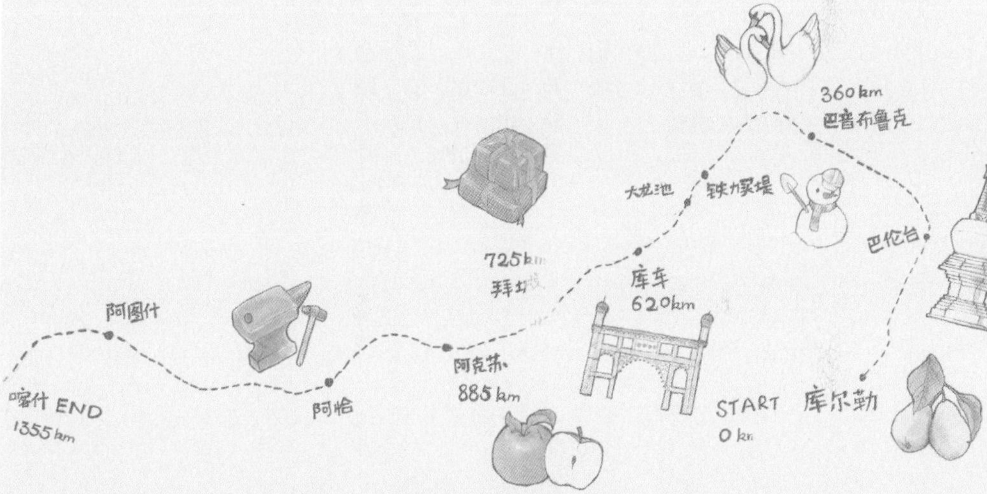

目錄

推薦序

推薦序
瘋狂之必要

或許因為我自己是個瘋瘋傻傻的人，所以我對於其他生命充滿熱情的狂人，也特別喜歡。

像我九歲的乾兒子Lawrence，是我認識年紀最小的狂人，他自從會走路開始，就已經會踢足球了。無論走到哪裡，都要隨身帶著一顆足球，不然就好像沒穿衣服似的渾身不自在，即使連跟著大人去喝喜酒也不例外。當然，他也踢得極好，參加兩個足球俱樂部之外，還定期接受每個月遠道從日本來訓練國手的教練指點。

她的媽媽為了想知道小學中年級的兒子是不是眞的愛足球成癡，長大後能夠如願到德國或是日本發展，成為職業足球員，所以這學期開始，決定要用跆拳道與空手道試探他看看。

我：「你是要用其他運動來考驗他的定性，就像用美女色誘唐三藏這樣嗎？」

母：「差不多素這樣……」

當媽媽的心機眞的好深啊！

可是我一點都不擔心，一個對足球如癡如醉的孩子，就算未來沒有成爲職業運動員，也會長成一個很棒的人，因爲從小就有運動員精神，一定會潛移默化深植著很好的自律能力，還有極高的道德標準。

那麼旅行者呢？

旅行成癡的人，人生無論走到哪裡，無論做什麼，都是旅程的一部分。我從十六歲背起二十多公斤的行囊，第一次成爲背包客開始，這個無形的背包，至今從來沒有卸下我的肩膀，那肩胛骨上的勒痕像是一道光榮的印記，其他人或許看不見，但是另外一個旅行者，卻老遠就能看出來。

這是爲什麼，看網名阿Q的香港年輕設計師鍾振翹，存了一年的旅費後辭去工作去新疆旅行，也將我帶回到多年前跟著新疆畫院的老畫家，在絲路旅行的美好時光，從庫爾勒到庫車，阿克蘇到喀什，全都歷歷在目。但這個傢伙比我更瘋狂，他買了一頭瘦小的驢，騎著牠走了七十五天橫越新疆一千四百多里的路程，最後在市集裡把這隻被他取了個帥氣法文名字的Pierre，挑了個應該不會吃驢肉的維吾爾人賣掉，結束這場相依爲命的旅途，這故事很難不讓人拍手叫好。

但是更好的是，眞正的旅人懂得心存感激、好聚好散，就像阿Q自己說的，這個分手的結局很平淡，沒有濫情哭啼，更沒有歇斯底里，「……因爲只有這樣才能給我一個眞實的回憶。」

那些在澳洲、紐西蘭打工度假結束，把陪伴了一年朝夕相處，南征北討的二手車賣掉，靜靜回到家鄉的生活軌道裡繼續生活的台灣年輕人，應該也完全懂得阿Q賣驢的心情。

無論是帶著足球上飯桌的小學生，還是騎著驢子遊新疆的旅行者，表面上做的是一件沒有必要的事情，甚至還會帶給別人困擾也說不定，就像沒有人「必須」去國外打工度假，過著割蘆筍、擠牛奶，在太陽下揮汗如雨的生活，但對於人生充滿熱情、好奇、癡迷、瘋狂，本身就是對生命最眞實、也最美好的禮讚，這在我眼中是極其必要的。

因爲就像海倫．凱勒說過的：「世上最美好的事物是不可目見、亦不可膚觸的，只能用心感受。」感受心臟充滿無可抑遏的、興奮的跳動，是我們爲什麼活著的原因，如果什麼熱情都沒有，什麼險都不肯冒，過著心如止水，沒有任何波瀾跟風險的人生，並不見得生命會比別人長──很有可能只是顯得特別漫長罷了。

褚士瑩 國際NGO工作者／作家

推薦序

一個人、一頭驢，踏出旅行的靈魂

一個很不新疆的人，用了一種最新疆的方式把我們帶入了新疆。

這是一本很旅行的書，勇敢、開放、感性、也帶有傻勁，新疆的純、新疆的變、新疆的險，作者用一種很「驢」的步調細膩體會；旅行的硬、旅行的軟、旅行的靈魂，就在一個人和一頭驢的艱苦步伐下一步一步地踏出來……

一個讓人享受也值得深深咀嚼的故事，有時間的話，眞的可以讓從來都不驢的自己，一起傻傻地來「驢」一下。

宥勝《冒險王》

推薦序

在旅行中找到自己

每個旅人都曾夢想自己是哥倫布，即便走在前人探過的路上，依舊會發現某些如新大陸般的未知與驚奇；每個旅人皆期許自己擁有牧羊少年的勇氣，在奇幻之旅中將夢想幻化成眞，也成爲最美的回憶；每個旅人也企盼自己是獨一無二的自己，用自己的方法走自己的路，找到屬於自己的旅行意義。

阿Q是個不折不扣的傑出旅人，他不願刻意走在別人留下的足跡上，於是決定以驢子爲交通工具；他希望自己的旅行不是走馬看花，於是緩慢感受。這趟旅行的過程中，他和驢子 Pierre 一同捱過暴風雨、一同受過路人笑癡傻、一起闖過浩瀚戈壁、也一起賞過大漠美景。路途也許艱辛，感覺他卻始終不曾質疑。他帶著勇氣、用全新的方式，刻畫出獨有的旅行足跡。我佩服他的創意和實踐力，也羨慕他已擁有了哥倫布、牧羊少年的特質，並在旅行中找到自己。

初初拿到這本書的簡介時，我只覺得這是一個新鮮又熱血的旅行故事，逐頁跟著阿Q和 Pierre 的腳步往下走，我時而傻笑、時而鼻酸，當阿Q寫道：「不知走到哪一步開始，

Pierre再也不是運送我到目的地的工具；他是我朋友，一個我寧願放慢腳步去遷就，也不能拋下的朋友。」我才發現我的情感觸動，不只來自於旅程的高潮迭起，更是因爲兩位主角眞摯的笑容、汗水、感動、堅強、友情、成長……

阿Q以「收穫豐富」總結他的新疆之行。看完本書的我，收穫不只是豐富而已。

段慧琳　電視主持人、作家。主持《鐵馬瘋台灣》、《GoGo Taiwan 玩台灣》，出版過兩本書《小小站．停一下：最悠哉的37個鐵道私景點》、《小小站．輕旅行：一個人也好玩的26個鐵道私景點》。

推薦序

緩慢、艱辛，卻充滿反思

一個男人，買了一隻毛驢，趕著驢車開始了一趟特別的旅行，其中人與動物間的互助與情感在現代旅行書籍中難得一見。

在追求速度與效率的現今，有這樣一部樸實動人的作品，讓人隨著作者和毛驢展開一場緩慢、艱辛，卻充滿反思的旅行，實在可貴。

何献瑞
台灣最大旅遊論壇背包客棧站長

推薦序

樸實、瘋狂卻又浪漫無比

我不知道你幾歲，但我二十五歲，不夠年輕也不夠成熟，小時候的一百個夢想不是忘了開始就是發自內心懶得去做，忘了要當鋼琴家必須先學鋼琴，想當醫生智商卻不夠高，太空人？算了吧，還是看看《變形金剛》就好……

因此，老一點的，小一點的，或是跟我一樣老大不小的青年們，把旅行當成新的夢想去懷抱吧，因爲這是一個不需要甲乙丙級證照，不需要英文檢定，只要拍拍屁股就可以去完成的夢想。

這是一本樸實、瘋狂卻又浪漫無比的旅行紀錄，雖然不至於讓人想買頭驢子出發旅行，但絕對能讓你對旅行產生不同的想像，跟著阿Q和 Pierre 去新疆走一趟吧！

小姐翻白眼「眯眯臉 羞羞眼」部落客

推薦序

一人一驢，患難與共

一個小小瘋狂的想法開啓一隻瘦驢兒陪伴的新疆之旅，阿Q讓我們讀見他追尋旅程的初衷與時時深刻的自省，熬過千山萬水的蒼茫險峻，當然也有豐美水草的寬闊，一人一驢的關係於是在患難與共中微妙地醞釀。凡此種種，在阿Q的筆下寫來，有點粗獷卻讓人感受到眞實，有點漫長卻讓人感受到堅決，他的文字是愈讀愈有興味的。

隨著腳跡愈遠，旅人會逐漸明白旅程不只是爲了滿足自己，而是也對伙伴——Pierre有多一分的責任情誼。到最後，Pierre一如以往的天眞不知世事，但是漢子卻不能不流露出離別前的柔情，最後一幕那樣感傷，描寫的筆觸卻仍然眞摯而不濫情，我想這就是旅行者找到的豁達與從容。

人生有幾回瘋狂？至少，你可以搭上本書一同歷見阿Q的精彩的瘋狂與平實。

鄭宇容「Ms. Right 遛飛船青春島宇號」部落客

推薦序

阿Q，你係得嘅！

香港人接觸的動物不是雀鳥便是貓狗，看馬最好去賽馬場。如果跟人說要坐驢車去旅遊，人家一定會覺得這想法也太瘋狂了吧！沒想到，阿Q眞的這樣做了，而且他沒有任何養驢子的經驗！

讀著阿Q和毛驢Pierre在旅途上「相依爲命」的故事，看這位毛茸茸、不懂人話的旅伴如何讓阿Q擔心得睡不著，或爲他帶來朋友、成爲陌生人關心的對象，既會感動落淚，又會會心微笑，同時感到慚愧：同爲香港八〇後，阿Q勇敢實踐願望，自己卻在猶豫不決……有時候，做人要帶點傻勁，才能活得快樂、活得精彩；阿Q，你係得嘅！（「你係得嘅」是廣東話，即「你實在太棒了」，有佩服的意思。）

Kelly「～某位香港人的博客～」部落客

推薦序

猶如親歷其境

作者細緻的描述，猶如用文字帶我遊走了新疆一趟。作者親身的經歷，令我閱讀時腦海不斷浮現一幕幕新疆的畫面。看後有種「有機會眞想到當地看看呀！」的感覺，我誠意推介這本有趣的作品。

梁進　著名圖文作家

推薦序

都云騎者癡，誰解其中味？

多年前從泰國踏單車到西藏，途中遇到一名芬蘭小伙子，他總愛跟其他單車友炫耀：「你花了一個月騎這段路？我只用八天。」我跟他開玩笑說：「你用了八天？我只花兩小時坐飛機！」

芬蘭青年當然抗議，坐飛機又怎能跟踏自行車比較？我反問他：「騎單車本來就慢，細味路上事兒，爲什麼只想著速度？You only see, but not observe!（你只看，沒觀察。）」那年我由曼谷踏至拉薩，花了五個多月，當然算「慢」，沒想到阿Q比我更慢，居然騎驢，用最多時間走最短的路。

跟阿Q是三年前在西藏的咖啡館認識，同年年底收到他電郵，問單車事情。後來分別跟兩批朋友茶餘飯後時談到，有一名香港青年到新疆買了一頭驢，騎驢車旅行。感覺太搞笑，怎麼會有人騎驢去旅行呢？沒想到居然是阿Q。

對，大家在笑，都云騎者癡，誰解其中味？衆人道這想法太傻太天眞，偏偏阿Q又遇上同樣可愛的旅館李老闆，願意幫他搭通買驢的門路。聽起來又像《牧羊少年的奇幻之旅》的解夢吉卜賽人，指點牧童聖狄雅各尋找金字塔附近的寶藏。

騎著動物遠行的人，我知道一位，不是阿凡提，而是唐僧。記得剛跟阿Q認識時，我笑他樣子長得像一休和尚，現在回想一下，說他似玄奘也未爲過。阿Q提到玄奘是他偶像，不知騎驢車是否也要去取西經？

有人說你妙想天開，不設實際，但總有人會義無反顧，默默支持。原因何在？只因你是你，當你眞心相信自己的目標，全世界願意幫助你的人，自然會出現。

在《牧羊少年》，印象最深的一句話：「只要有盼望之心，全宇宙共謀助你願望成眞。」（When you want something, all the universe conspires in helping you to achieve it.）

看了《趕著驢車去新疆》，你會否多一分盼望，少一分埋怨呢？

著伯伯 最早一批在網上連載遊記的香港人，著有《風轉西藏》，在香港、中國內地及韓國發行，目前在西藏拉薩市經營風轉咖啡館（www.cafespinn.com），並在《新假期》及《爽報》寫專欄。

致台灣讀者序

遠方的好友

有一天晚上，本應已到睡眠時間，但我還在床上輾轉反側，久久不能入睡。雙雙似乎發現我失眠，溫柔地問我一句：「你在想什麼了？」

「我在想Pierre……」我深呼吸了一口氣，然後回答說。

在房間裡，只剩下一片沉默，還有在我腦海裡，Pierre那開始模糊的臉。

我用力地回想這位身在遠方的好友，我們曾經一起吃飯、一起拉撒、一起旅行，曾連續七十五天形影不離。旅行的時候，我們總是一前一後地走路，有時他拉著我，有時我牽著他，彼此為大家遮擋炫眼的陽光，雖然如此，但我們的步伐卻是一致的，他從來都不會踩到我的腳後跟。

那時候的陽光總是能令人感到和暖。

記得他很貪吃，喜歡一邊走路，一邊低頭在路上找吃的，無時無刻都在吃，每分每秒都要吃，我知道，他畢生的願望是活在大草原上，躺著都可以吃。他怎樣吃都不夠，像個焚化爐，餓起來的時候連紙皮都要啃，相反，如果在他面前放滿了紅蘿蔔和玉米，他就會挑來吃，剩下一大把乾草，最後來一陣風，將被嫌棄的乾草刮得四處飄零。

那時候的風總是夾雜著乾草的氣味。

他吃得多，故然也拉得多。他拉著我走的時候，經常放屁，又濃又烈，我知道他是故意的，等到我牽著他走的時候，他就會慫著不放。再待他多放幾個屁，我就能從他兩股之間，看到褐色的糞蛋兒咕嚕咕嚕地落下來。他一直都是邊走邊拉，從不為拉屎這件事而停下腳步，像我一樣煞有介事地找個隱蔽的地方解決。我在想，假如有人要追趕我們的身影，只要順著他的糞蛋兒軌跡來找，肯定可以找到我們。

那時候的空氣總是會傳來一股臊臭味。

在他的面前，我才發現自己是多麼的渺小。從前，我總喜歡取笑他瘦小，其他毛驢都比他長得肥壯，但我從沒有以自己來跟他比較。他能輕而易舉地拉著一台載滿貨物的木頭車，走上幾十公里，不哼一聲，但他的一聲驢叫，可以淹沒一切，喚醒方圓十里的人，即便他再瘦小，他的力量亦比我強大得多。在他拿出褲襠間那龐然大物來嚇唬母驢的時候，我更知道自己是何等的卑微，都不好意思在他面前撒尿了。

如今，我已經有大半年沒跟他見面，不知道他耕過多少畝地？吃過多少斤紅蘿蔔？爬過多少頭母驢？我們的生活已經無任何關聯。我只知道，我開始記不清他那惹人發笑的臉，想不起他那高亢興奮的鳴叫。也許會有這麼的一天，我走在喀什街頭，他迎面走來，我也沒記起他就是以前的那個他。

這時，雙雙突然打破了這個空間的沉默，說了一句話：「Pierre 總要面對他自己的命運，就讓他走吧。」

我不知道該如何應對，我有一些話想說，但很快又咕咚地把話吞回肚子裡去，只是簡潔地回應一下：「嗯……」

今晚的黑夜異常地清明，像大半年前的夜空一樣，點綴著滿天繁星，我在隱約之間，似乎看到有一顆星星逐漸昏暗下來，最後從黑幕之中退出。

我明白，這一切都沒有永遠。

自序

躍動的靈魂

我自小在屋村長大，屬於草根階層，家裡的經濟條件雖然未到捉襟見肘之境，但卻也無結餘可以讓我們一家人出境旅遊，最多偶然去一次近郊，比如看看大嶼山大佛，或是到海洋公園遊玩。長大後只有一次機會離開香港，依稀記得是在我九歲那一年，坐船到澳門看大三巴，當然沒有在澳門過夜，因爲可以節省住宿費。

高中期間，有一位任教世界歷史的老師，有時候會在課堂上向班上的同學講述自己在西藏和尼泊爾，徒步走在懸崖峭壁上的冒險經歷，接著又會突然跳躍地講到參觀大英博物館，面對琳琅滿目、動輒上千年的歷史文物的時候，自己是如何被這些人類文明積累下來的智慧產物所折服，我總是在這個時候才能夠聚精會神，記清楚老師所講的一字一句。

然而，這位老師肯定不會知道，她已成爲我人生中的一個農夫，暗暗地在我心田裡撒下一把渴望旅行的種子。

隨著互聯網愈來愈發達，很多背包客都會把自己的遊記發到網路上，而我也經常於深夜，在烏燈黑火的客廳裡，像著了魔一樣不停地翻看別人的遊記，幻想自己終有一天會和他們一樣，背起大包看看這個多彩多姿的世界。直到我十九歲的那一年，在農曆新年假期，終於起心動念，計劃一個周詳的行程，日程排得滿滿的，幾乎滴水不漏，接著利用僅有的積蓄，委託朋友替我買一張由廣州出發到昆明的火車票，展開原定十二天的雲南之旅。

春運期間的廣州火車站被人群堵塞得水泄不通，好不容易才可以突圍而出走到候車室。在火車上，我看著車窗外那些我不曾見過的自然風光，爲前面一切未知的景物而怦然心動。那時候的我還不會說普通話，但我依然幸運地，可以在旅途中結識很多來自五湖四海的背包客，欣賞祖國的名山大川。這次旅行，除了讓我首度踏出外面的世界，爲我打下日後繼續旅行的強心針之外，還令我清楚地知道自己不能受計劃行程約束，我喜歡隨心而行，行程對於我來說是毫無意義可言的。

回到香港之後，我更爲旅行而著迷，上學期間，我找到另外兩份兼職工作，充分利用自己的課餘時間，目的是多賺一些旅費，可以讓自己走更遠的路，看更美麗的風景。利用學校假期曾數度出發背包旅行，走過雲南、四川的一些地方。畢業之後，帶著兩年間做兼職所得的存款，由香港出發，打算循陸路到土耳其，其後因爲在巴基斯坦的夜間火車上遇劫，那時候雖然已經抵達伊朗邊境，但只好遺憾地中途折返。在這次旅行中，我接觸到樸素純眞的藏族人，見識到喜瑪拉雅山脈的宏偉氣派，感受到印度巧奪天工的手工藝如何令我變得審美疲勞，並建立起與巴基斯坦人最單純的友誼。

以上所寫的都是我個人簡略的旅行史，也可以藉此向各位讀者說明一下，我是怎樣由一個不出家門的小夥子，變成一個熱愛旅行探索的年輕人。

在先前的十八個月，我跟大部分香港人一樣，每天忙碌地工作，早晨的地鐵車廂裡擠滿了庸庸碌碌的人，好不容易才等到一個座位熬到九龍塘地鐵站。回到辦公室，把握難得的閒暇，在茶水間調製越南咖啡，進出的同事都會好奇地問我到底在搞些什麼，那慢慢穿透濾器的咖啡，加上雀巢公司的煉奶，我看著用調匙攪拌出來的小漩渦，才猛然發現我也是個庸庸碌碌的人，那一刻雙眼頓時熱起來，我討厭過著這樣忙碌而無味的生活。

於是，遞過辭職信之後，在五月的某天上午，我騎著自行車漫無目的地離開香港境內，莫名其妙地開始了一趟我夢寐以求的旅行。然而，那讓我夢幻的亮點竟不在於自行車的鞍座上，而是落在千里之外，一頭新疆小黑驢的身上。

這本書裡面所記錄的每字每句，將會是我和 Pierre（小黑驢）永遠的快樂。

與  走過的路

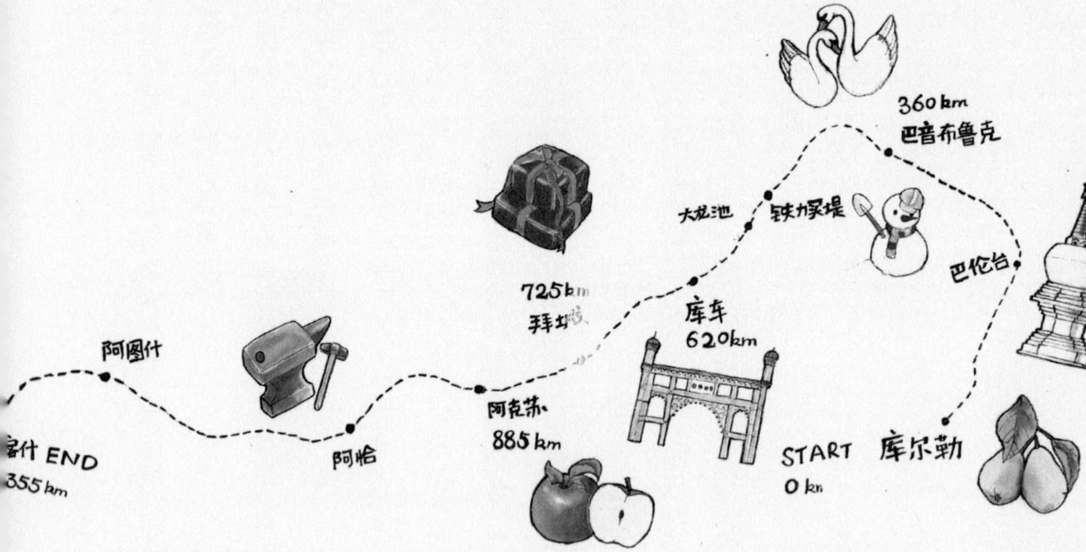
360 km
巴音布鲁克
大龙池
铁力买提
巴伦台
725 km
拜城
库车
620 km
阿图什
阿克苏
885 km
阿恰
什 END
355 km
START
0 km
库尔勒

前言——欲求未滿

不要追隨前人的足跡，反而要往未知探索，並留下你的軌跡。

——拉爾夫・沃爾多・愛默生（Ralph Waldo Emerson）

在同齡的人當中，我的旅遊經驗算是比較豐富，從最大衆化的背包旅行，到現在開始流行起來的單車和搭車旅行，雖然我稱不上是專業的玩家，但都總算涉獵過。然而，旅行的次數愈多，震撼心靈的次數便愈少，當初出發旅行的激動早已經蕩然無存，現在簡直快到心如死水的地步。而且我在單車和搭車旅行期間，都覺得自己只是在走別人走過的路，看別人看過的風景，或許我已經到了旅行的瓶頸。我束手無策，雖然換過不同的旅行方式，但依然無法突破心中那個該死的瓶頸。

老人與海

我知道，只有返回旅途，才可以找到突破瓶頸的方法，重新啓動沉寂的靈魂。我坐著順風車，走過四川、甘肅的一些地方，輾轉之下來到青海湖邊。

中國西部的某些地區人跡罕至，加上當地民風較發達地區純樸，人們彼此之間的猜疑心相對較輕，因此，只要我願意在國道上伸出大拇指，等不了多久，便會有司機邀請我坐上順風車。這些熱心的司機大部分都是孤身上路，因爲路途遙遠，很容易在開車的時候打盹，一不小心，甚至會釀成致命的交通意外，所以他們很樂意載上我這樣的過客，閒話家常，打發枯燥乏味的行車時間。

我在這裡搭上一輛開往新疆庫車的大卡車，結識了跟我同樣姓鍾的卡車師傅，我叫他鍾大哥。他喜歡閱讀，在卡車的抽屜裡總會擺上幾本小說。他也熱愛戶外活動，尤其熱衷於釣魚，我們在漫長而沉悶的旅程裡幾乎無所不談。

有一次，我無意地問及他自己認爲最自豪的一次釣魚經歷，那時候我只想一直跟他聊天，好讓他不至於會開車打盹，反正我心裡早有答案，他無非都是說釣上了一條有多肥多大多稀有的魚而已。

沒料到他很認眞地對我說：「我曾經試過只帶上一把小刀、一個帳篷和一個煤油爐子，騎著摩托車到黃河邊，在那兒一共待上十幾天，以漁獲維生。在那段時間裡，有一條大魚上鉤，我看到水中魚影，從來都沒見過那麼肥大的魚上鉤，但我用的是細線細鉤，只能持之以恆地慢慢收竿，絕不能弄痛大魚。只要大魚沒有奮力掙扎，還是有機會成功釣上大魚的，於是我小心翼翼地往回拉，跟大魚搏鬥了一整天，左右手不停地交替接力，雙手幾乎一起麻木了，很可惜最後大魚還是拉斷魚線溜走了。」

這不是海明威筆下《老人與海》裡的情節嗎？鍾大哥一直堅持與大魚角力，雖然最後他沒有戰勝大魚，但換個角度來看，現在鍾大哥卻因為這一段經歷而引以為榮，這何嘗不是另一種勝利？對比之下，我想我是一時之間走火入魔，過分重視旅行中能得到什麼，只為結果，到頭來反而一無所得。旅行的意義有如彩虹一樣難以捉摸，愈刻意去抓緊旅行的感覺，它反而愈會在心中慢慢流走，我們無法闡釋，亦無必要向其他人交代，只能心中領會。

在之後的交談中，鍾大哥無緣無故地說到新疆盛產毛驢，特別在南疆一帶。而我也順便追問一頭毛驢的價格大概是多少，鍾大哥回答說只需掏出一千多塊錢就能買到一頭毛驢，我覺得這樣的價錢非常合理，才初步有一個構思，希望買一頭毛驢幫我馱上行李，由我牽著毛驢徒步在新疆旅行。

這一趟順風車，足足走了三日兩夜的路程，才途經庫爾勒。我想在庫爾勒開始旅行，剛巧鍾大哥也要在庫爾勒卸貨，順便休息一天。於是在晚上，鍾大哥帶我去品嚐新疆有名的饢坑肉，淺嚐幾杯啤酒，我就這樣交上鍾大哥這個新朋友。

新疆印象

第一次到新疆是在三年前，為了參加一個回族朋友的婚禮，從成都坐火車出發，兩千多公里的路途，五十多個小時的車程，我就坐在走廊的小凳子上，傍著窗前，呆呆地看著無邊無垠的戈壁灘。感覺自己像一陣風一樣，置身其外，連那淡黃色的沙土都未曾觸摸到手，即抵達烏魯木齊——那被蒙古人稱為「優美牧場」，現今一片喧鬧的繁華城市。

參加朋友的婚禮之前，在朋友的安排下，我第一次參加旅行團，像小鴨一樣地跟著領隊的小旗幟，走馬觀花地參觀過吐魯番的一些景點，比如火焰山、交河古城和葡萄溝等。我卻對這些人工化的旅遊景點提不起興趣，我可不敢因為曾經參觀過這些景點，而跟別人說我到過新疆。直到今時今日，不依靠照片輔助喚醒記憶的話，我只能回想起，在達坂城附近，那一排排傲然聳立在戈壁灘上，像荷蘭風車一樣的巨型風力發電機而已。

二〇一〇年一月，我又一次到新疆，這次是因為在乘坐巴基斯坦的夜間火車時被人迷暈，搶去身上財物，接著火車抵達總站——沙塵滾滾的蓋達市（Quetta），那是俾路支省（Balochistan）的首府，這個軍事城市距離阿富汗南部塔利班的根據地大約只有三百多公里。在火車站附近的警察局錄下口供之後，迫不得已要在前往伊朗的路上折返中國，於是又登上了開往首都伊斯蘭堡的列車，回到首都尋求中國大使館的援助。

透過一位熱心的巴基斯坦人的介紹，我可以暫時住在一位中國人的家裡，無須擔心吃住問題（即是白吃白住），然後到大使館辦理文件手續，最後就這樣狼狽地拿著大使館發出的旅行文件辦理登機手續，前往烏魯木齊。

飛機越過了白茫茫的山脈，從萬尺高空往下看，延綿不斷的山脈就像我們在看地圖顯示的地形一樣，失去了懾人的氣魄，那到底是天山還是崑崙山山脈？我到現在也沒有弄清楚，我只知道我抵抗不了北疆寒冷的天氣，所以老早就訂了翌日的機票，飛回氣候比較溫和的內地。

我總是以一個過客的身分到新疆，除了那天參加朋友婚禮的記憶之外，我努力地回想，也記不起我在新疆遭遇過什麼較爲特別的經歷。而這一次我突發奇想，隨心地想到要牽一頭毛驢遊新疆，我知道一定有前人做過這樣的蠢事，雖然我不至於能爲別人留下軌跡，但最起碼，我沒有靠著網上的旅遊信息和旅行攻略書籍，刻意地走在別人留下的足跡之上。

機遇

要不是坐上了鍾大哥的順風車，我也許還是會聽聞新疆盛產毛驢，但早一點點或遲一點點聽聞，也許便不會激發我與驢同遊的念頭，Pierre 也不會走進我的生命……

如果沒有遇上 Pierre，我跟他現在又會怎樣？

1

跳出漩渦

出發旅行是為了釐清大家對其他國家的誤解。

——阿道斯・赫胥黎（Aldous Huxley）

好開始

其實很多時候，靈感都是突如其來的，不會提前敲響你的腦門，最重要的是能抓緊創意，再想辦法去執行，而不是坐著空想。

大卡車走過兩千多公里的路，翻過阿爾金山，終於來到南疆大城庫爾勒。城裡的馬路異常地寬闊，總共有六條行車線路，還可以讓大卡車開進城裡。對於長年生活在香港狹窄空間的我來說，這樣廣闊的空間感簡直太不可思議。而根據鍾大哥的說法，庫爾勒盛產香梨，是新疆有名的「梨城」。（順便提一下，我唯一的偶像是玄奘，在我的眼中，他除了是佛門高僧和偉大的翻譯家之外，還是歷史上難得一見的中國旅行家。他穿過大漠翻越雪山，歷盡艱辛，走過現在新疆的許多地方，多次遊離在生死邊緣，最後憑著過人的堅定意志，終於到達他心中嚮往多時的目的地——位於天竺國境內的那爛陀寺。據《大唐西域記》記載，庫爾勒就是古時候渠犁國所在地。）

我滿頭大汗地背著大包來到庫爾勒的青年旅館。由於新疆的太陽又毒又大，熱得我汗流浹背，衣服全濕透了。這次旅行我帶上了一整套露營用具，用一個五十升的背包都裝不下，還要多加一個手提袋擺放行李。我一向主張輕便旅行，現在卻一抽二提，讓我覺得手忙腳亂。把大包放好之後，我走到前台，第一句就問：「大姐，在庫爾勒有賣毛驢的嗎？」大姐一臉疑惑，可能她以爲自己聽錯了，便問：「什麼？毛驢？」我點頭示意，並解釋說自己想拉著一頭毛驢去旅行。大姐聽到之後幾乎笑翻了，覺得這是無稽之談，她冷靜過後告訴我，她會問一下老闆，老闆剛好開車送客人去庫車遊玩，要過兩天才回來。

旅館住進來一個來自成都的自駕遊旅客，他提議駕車前往博斯騰湖★，我覺得自己在庫爾勒也是無所事事，能坐便車去看看博斯騰湖也是一個不錯的安排。於是我拿起景點的宣傳單，才知道博斯騰湖是中國內陸最大的淡水湖，宣傳單還講述了一個關於這顆「西塞明珠」的傳說。

話說有一對年輕的戀人，小子叫博斯騰，姑娘叫尕亞，他們深愛著對方。然而，跟很多中外神話傳說一樣，故事的主角都會遭遇磨難。有一天，天上的雨神發現了美麗的尕亞，要從博斯騰手中搶她爲妻，尕亞誓死不從。雨神怒不可遏，於是令大地連年乾旱。勇敢的博斯騰與雨神大戰九九八十一天，終於使雨神屈服，但博斯騰卻因體力透支而死。尕亞痛不欲生，終日以淚洗面，化爲大片湖水，最後也因傷心過度悲憤而死。爲了紀念他們，當

★阿Q旅語

博斯騰湖金沙灘旅遊區位於焉耆盆地北部，新疆巴音郭楞蒙古自治州和碩縣，中國最大的內陸淡水湖博斯騰湖東北岸，門票四十元，持有效學生證可有八折優惠。

豔陽、細沙、透心涼的海水⋯⋯我是在新疆嗎？

地的牧民將該湖命名爲「博斯騰湖」。

我站在金黃色的沙灘上，腳下踩著柔柔細沙，沙子比起香港的咖啡灣、黃金海岸綿細得多，水平如鏡，肢體修長的白鷺和白鸛在水上呱呱作響。我看著其他遊人在沙灘上遛狗，你追我逐，脫光上身躺在沙灘上曬太陽。他們大多都是從烏魯木齊開車前來遊玩的。我不由得問自己，這是時空轉移嗎？在乾旱的新疆怎麼可能會有陽光與海灘？眼前這一番景象與身處東南亞海灘無異，眞沒想到新疆可以給我空間轉移的感覺。

回到旅館，大姐在我面前打電話給老闆（他姓李，我都叫他李老闆），說有個香港人來這裡要買一頭毛驢旅行。我從大姐手中接過話筒，我本以爲他一定會說很多想要勸阻我的話，比如毛驢走得慢，而新疆這麼大，這樣的旅行一定不能走得太遠，又或者說你照顧不了一頭毛驢，牠餓死渴死了怎麼辦之類等讓人洩氣的話。但他竟然很興奮地問我：「你是怎麼想到這樣旅行的？哪兒來的創意啊？」

其實很多時候，靈感都是突如其來的，不會提前敲響你的腦門，最重要的是能抓緊創意，再想辦法去執行，而不是坐著空想。最後我們約好了在星期日，每星期一次的巴扎日★，他會邀請一位養過毛驢的親戚一同前行，在畜牧市場選購一頭好驢。

★阿Q旅語

巴扎（bazzar）一詞源自波斯語，是阿拉伯文化地區對市集或者市場大廳的稱呼，牲畜巴扎一般只在星期天開市，在這一天，民眾會拉著要出售的牲畜湧到這裡來。

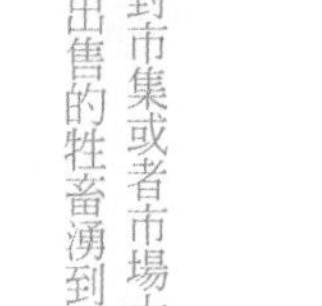

買驢紀實

我知道維吾爾族人不吃毛驢肉，那時候雖然我還沒買到毛驢，但早已經下定決心，一定不會把自己的毛驢交到漢族人手裡。

八月二十一日，這一天很有意義，是我人生中很重要的一天，因爲我即將要買（其實我很討厭這樣說，誰會說自己買一個朋友，朋友怎麼能買回來）一頭毛驢，一起並肩去旅行。小時候看過一些卡通片，主角在出發歷險的時候，有一隻小精靈站在主角的肩上，跟主角一起闖蕩天涯。而我也曾經幻想過，會有那麼奇幻的一天，突然出現一隻懂人性的小白猴願意跟我一起旅行。

李老闆開車，把我和其他想一起湊熱鬧的旅館客人全部載上，一同前往巴扎的畜牧市場。穿過熙來攘往的人群，走在畜牧市場裡，這裡賣牛的在一圈，賣羊的在另一圈，換言之賣毛驢的也自然在一起。現場大約只有十多頭驢在賣，其中已經有至少十頭毛驢被同一個人買下了，牠們都被拴在一起。也許牠們也知道自己命不久矣，毛驢烏黑而明亮的眼睛一閃一閃地盯著我，那是一種可憐而無助的眼神。我有些不忍卒睹，買家是一個開驢肉店

八〇、九〇後出生的年輕人，可能連菜市場裡宰好洗淨的牲畜也沒見過，這兒竟有活著的讓人選購！

的漢族女人，每個星期都來買毛驢去宰殺，我問她能否讓我從她那兒買一頭毛驢，但遭到她的堅決拒絕。我知道維吾爾族人不吃毛驢肉，那時候雖然我還沒買到毛驢，但早已經下定決心，一定不會把自己的毛驢交到漢族人手裡。毛驢都已經賣光了，只剩下一頭瘦小的，和一對母子讓我挑，這可以說是沒得挑。我以為要等到下一個巴扎日來臨，才可以再來挑毛驢，在萬念俱灰之際，一個維吾爾族老鄉邀請我們去他家裡挑毛驢，也總算給我一點希望。

老鄉的家門前放養著三頭毛驢，而馬路旁的空地上堆放了一些垃圾，驟眼看去像一個小型垃圾場，牠們就在垃圾堆裡找吃的。說實話，這一刻我真是失語兼失望，從大老遠走過來，到頭來只看到三頭瘦驢。

隨李老闆同來的親戚是他的堂哥，家裡也有養

毛驢列隊待沽，願你們都快樂！

驢，我直接叫他李大哥。李大哥看中了其中一頭毛驢，用手擠一下驢的下巴，毛驢就張嘴了。他看一看牙齒，知道毛驢今年四歲，接著又走遠一點觀察毛驢，輕微地點著頭好像挺滿意的樣子，然後對我們說：「這頭毛驢四肢有力，精神活潑，只是瘦了一點，也可以了啊！」

既然專家都認同這頭毛驢，我們就去問價錢。

李老闆爲地道新疆人，能講得一口流利的維吾爾語，講價的重任便自然落在他的身上。起初賣家開價兩千五百塊，我們都認爲定價實在過高。

「這也太貴了吧，跟他說一千五吧。」李大哥跟李老闆說。我也站在一旁點頭同意。

李老闆對賣家說了幾句維吾爾語，賣家又伸出兩隻手指，這當然是退一步，索價兩千的意思。這時候我終於按捺不住，直接跟賣家交涉，並開價一千七。雖然賣家是維吾爾人，但畢竟在巴扎裡打滾多時，還是能用漢語來跟買家討價還價。

「兩千。」賣家依舊伸出兩隻手指頭，並無絲毫再要退讓的意思。

「一千八嘛。」我又還一個價。賣家仍然無動於衷，還動身去收拾驢車上的雜物，擺出一副愛賣不賣的神色。

我知道自己已經成爲這場價目爭奪戰中的輸家，因爲我暴露出非買不可的焦急心態，賣家也就是抓準了這一點，從而立在不敗之地。假如我率先擺出愛買不買的態度，頭也不回轉身就走，情況可能會變成賣家追著我來減價呢。但現實是我輸了，只好乖乖地掏出兩千元。

牠的外表有一點與衆不同，據我所知，一般的毛驢，不管長出怎麼樣的毛色，眼眶都會有一個白白的眼圈，而這頭毛驢卻有一副白臉而不見眼圈，在眼睛以上的部分則長出黑色的毛皮。乍看像留著「齊蔭」的馬臉，頭頂著一對大耳朵，形象非常滑稽，我現在終於清楚知道別人口中所說的「驢臉」是什麼意思了。

巴扎老人

小毛驢（的背影）與牠的前主人。小毛驢只能在垃圾堆裡找食物充饑，所以瘦得連盤骨都突現出來。

第一次釘掌

接過韁繩，就表示這頭驢的起居飲食自此交託我負責。

從賣家手上接過韁繩，就表示這頭驢的起居飲食自此交託我負責。

我拉著毛驢顯得有點不知所措，試問像我這樣出生在大城市的人，有幾個曾見過毛驢？我從沒有養過比貓大的動物，甚至連體型魁梧一點的狗都會讓我生厭，沒想到我現在卻在養一頭身型比我還巨大的毛驢，幸好牠還算聽話，只要我拉著牠走，牠一定會從後跟著我的屁股。

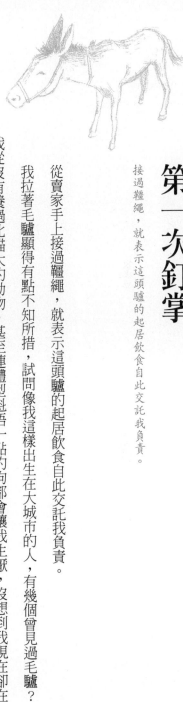

這裡距離李大哥的家不遠，我要將毛驢拉過去，寄養兩日，好讓我學習毛驢的習性並跟牠培養感情，好歹也要讓牠知道自己已經被轉讓，而我就是牠的新主人吧！但過去之前，要先替牠釘鐵掌，即是像馬一樣釘上蹄鐵，沒多遠就有一戶人家做這門生意。以前的街道都是土路，但現在的柏油路都是讓汽車走的，「馬路」上早已經看不到馬的身影，而鐵掌就像人穿的鞋子一樣，用於保護毛驢的四蹄。

平房的門外堆放了很多鐵製用品，估計這一家店除了能釘鐵掌之外，還能夠變賣廢鐵

「驢」山真面目。

或者打造鐵器，在這堆雜物的旁邊有一個鑲在地上的兩腳鐵管架子，離地差不多高及兩米，看來等一會兒在釘鐵掌的時候可能會大派用場。跟店主打過招呼之後，他們兩人把毛驢拉到鐵架之下，再找來兩條布帶和一些釘掌工具，將毛驢凌空掛在鐵架上，接著由一個師傅提起毛驢的蹄子，另一個師傅拿起小錘子，加上四根鐵釘，用純熟的手法把尺寸合適的鐵掌打在毛驢的蹄甲上。雖然毛驢不哼一聲，好像沒有感覺到痛苦似的，但我看著長長的鐵釘打進毛驢腳底，還是禁不住向李老闆表達關切毛驢之情，李老闆卻冷冷地反問我：「女孩子找人做美甲會不會痛？」釘掌的過程不到半個小時便結束了，毛驢釘上了牠一生中第一副蹄鐵。

本來我打算牽著毛驢，慢慢走到李大哥家裡去，李老闆首先開車前行一步，但由於我不知道要怎麼走，只能拜託李老闆慢駛，我們跟在車後。後來李老闆實在看不過眼，嫌我和毛驢走得太慢，結果把繫著毛驢的韁繩綁在車尾，讓車子拉著毛驢走。雖然李老闆懂得慢駛，但我坐在車廂後方，透過車窗觀察毛驢時，著實很擔心毛驢會不小心絆倒，然後被車子拖行，慘劇收場……我總是會在某些時候開始胡思亂想……

這是我第一次來到李大哥的家。一路上，李老闆多次叮囑我要認清路和方向，一定要牢牢記住，因爲在未來兩天裡，我必須要自己摸路到李大哥的家裡學習怎樣照顧毛驢。李

凌空掛起，準備釘掌。

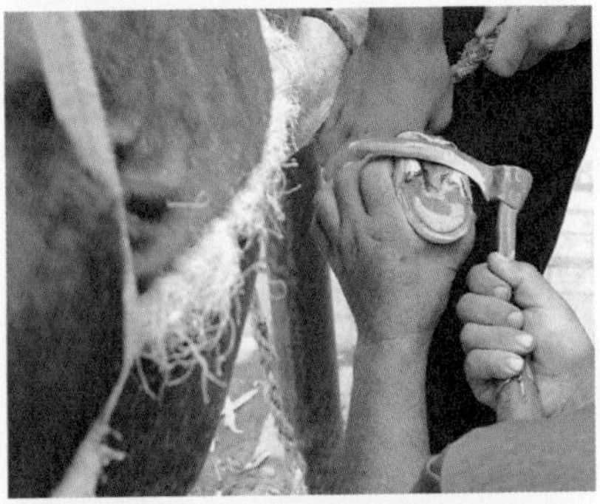
釘掌師傅先要替小毛驢清理乾淨四蹄。

量度一下，揀選尺寸合適的鐵掌。

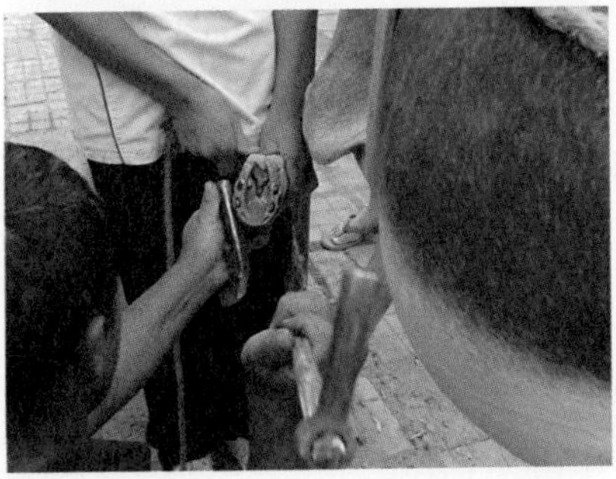
打釘以固定鐵掌。

大哥是一個計程車司機，而他家裡的其他成員則負責農務工作。李大哥的家有三個房舍，房舍的背後是一大片農地，樹影之下，有一條灌溉用的小溪在沙沙作響，李大哥讓我們在田裡摘點梨子，並且幫忙找來了一根大鐵釘，將毛驢拴在這個水草豐足的地方。

牽著毛驢向前走！（攝於李老闆的車廂內）

古老的交通工具

也許這就是拖拉機和毛驢車之間的區別，不是在速度和效率上的分別，而是在感情上。打死我都不會相信，如果要他回憶用拖拉機運菜時的情形，臉上會流露同樣的眞摯感情。

一開始想到與驢同行的時候，是構思讓毛驢馱載我的行李，而我拉著牠徒步旅行，但其實還可以有其他做法。在新疆的鄉間，經常可以看到一頭體型瘦小的毛驢，拉動一輛載滿（那不只是載滿而已，有時候疊起來的體積相對於拉車的小毛驢能大上十倍）農作物的驢車，車上還會躺著一個哼著小曲的村民；而有一些維吾爾族老鄉會坐上驢車出行，穿梭在各村之間，有時候甚至拉上客人賺點外快。趕驢車比起騎毛驢的速度和效率都要快得多，早在漢代，已經有商賈以驢作爲運輸工具，來往古絲綢之路，更何況現在可以爲驢車裝上輪胎。我喜歡這樣原始的旅行方式，幻想自己就是古時商旅的其中一員，翻過群山，穿過戈壁灘，光是想像就已經讓自己血脈沸騰。

剛好李大哥家裡有一輛老驢車，已有十年歷史。有別於維吾爾族人一般用的木頭驢車，那是鐵架子的。李大哥家現在已經引入拖拉機，早已經不用毛驢拉車了，現在家裡唯一的

小驢車首航——怎麼走得這麼慢……？

毛驢只是用於犁田而已。他說：「以前小時候家裡要運蔬菜到城裡去賣，都是用驢車運輸，每趟都可以拉五百公斤，把菜往驢車上擺好，坐在車上毛驢自己就會跑。菜賣光之後，照樣坐在驢車上，毛驢會自己走上回家的歸途。有時候在驢車上睡著，一覺醒來就見到自家大門了。」他一臉回味地跟我聊這些兒時往事，也許這就是拖拉機和毛驢車之間的區別，不是在速度和效率上的分別，而是在感情上。

雖然大部分人都只當毛驢是工具，說到底牠們始終是一個生命，人們在每天的悉心照料之下總會日久生情。打死我都不會相信，如果要他回憶用拖拉機運菜時的情形，臉上會流露同樣的眞摯感情。

於是我把舊驢車買下來，李大哥還專程回

家，花時間教我趕驢車。期間，他示範了三次怎樣把繫著毛驢的韁繩綁在鐵釘上。我天生笨拙，後來要親自再做兩次才記住了結繩的步驟。我真的弄不明白，爲什麼在香港接受了十多年所謂的高等教育，竟然連一件小事都做不好……

一輛驢車有很多部件，作用在於增強拉力，又要避免弄傷拉車的毛驢。了解過驢車的基本結構之後，便要實習如何正確地幫毛驢套車。李大哥又再示範了一次，他很粗暴地推著毛驢的屁股，把毛驢推到驢車的前面，頭部向前，屁股對著驢車，再吆喝幾聲，毛驢便安分地站在原地。

接著李大哥把驢車的前叉壓下來，套在毛驢的背上，李大哥綁好套具之後，讓我坐上驢車跟他在家附近試行一趟。李大哥撿起一根樹枝，往前一指，小毛驢就馬上跑了起來。不知道是否毛驢天生便擁有拉車的基因，還是李大哥趕驢車的技術太高明，左轉右轉和煞停都只是單靠一根樹枝來指揮。我在整個試行的過程中，專心致志地留意李大哥每一個指揮動作，謹記他每一句口令，我還留意到，小毛驢雖然一直賣力地跑，但步速和腳頻很快就降下來了，如果以這個速度一直走，眞不知道要走到何年何月才能抵達喀什市。

起名 Pierre

那是我大腦裡僅有的法語，我只懂說 Bonjour（你好）和 Pierre，但總不能叫牠 Bonjour 吧。

旅館來了一對中法情侶，他們對我的毛驢很感興趣，希望一起去探望我的毛驢，那法國人一見我的毛驢，劈頭第一句就問毛驢叫什麼名字，我看著他紅鬚綠眼的樣子，不加思索地說出一個法文名，那是我大腦裡僅有的法語，我只懂說 **Bonjour**（你好）和 **Pierre**，但總不能叫牠 **Bonjour** 吧。就這樣，牠擁有了一個洋氣的名字，「牠」也變成了「他」，他是我的同伴 **Pierre**。

這天發生了一段嚇人的插曲，事發時我牽著 **Pierre** 到小溪旁邊喝水，在他低頭飲水之際，突然間我看到李大哥家的褐色毛驢向著我們踱步過來，愈跑愈快，那頭毛驢微微低下頭，而且目露凶光，如果在牠的頭上加一對彎角的話，一剎那間牠便活像一隻小型的西班牙鬥牛。**Pierre** 也轉頭凝視著那頭凶巴巴的毛驢，氣氛頓時凝重起來，**Pierre** 和褐色毛驢瞬間就糾纏起來，褐色毛驢撲到 **Pierre** 的背上，一口咬著 **Pierre** 的脖子，而 **Pierre** 則猛力掙扎，使勁地往後踢，兩頭毛驢僵持不下。

Pierre 大戰小褐驢之手繪實錄。

我從來沒有想過平時外表精靈可愛的毛驢會表現得如此凶悍。這時，褐色毛驢可能因為被 Pierre 踢中而鬆開牙齒，但牠依然窮追猛打，牠跟他在田野裡橫衝直撞，八隻驢蹄踏得沙塵四起，我跑回屋子裡大喊：「毛驢打起來了！」李大哥的家人拿來一根大木棒，分腿紮馬，緊握木棒，有一夫當關之勢，以防牠們的蠻勁撞毀房屋，卻沒有人打算介入。再這樣下去的話，兩頭小毛驢彷彿會打到至死方休，我於是伺機抓緊 Pierre 的轡繩，使盡全身氣力把他拉走，李大哥的家人也趁機會趕走了那頭發飆的毛驢，但牠沒有走遠，還是在附近虎視眈眈地監視 Pierre，我們大夥兒擔心牠跟他會再打起來，只好將 Pierre 關進驢棚裡。

這件毛驢打鬥事件才告一段落。聽李大哥一家人說，其實在昨天，兩頭毛驢已經打過一次，當時 Pierre 把另一頭毛驢的其中一隻前腿咬至出血，但以今天的戰況來看，卻像是 Pierre 戰敗。

第二天，李老闆順道在庫車幫我買來新的籠頭和紮脖子，籠頭是用鮮綠色的粗線編成的，縫上一個流蘇紅毛球，Pierre 戴上之後一定會更有生氣。中午時分，我又來到李大哥的家，打算自己趕驢車出村，順便替驢車刷漆，還可以焊接四條鋼支搭上篷子。第一次替 Pierre 套車並沒有遇上大問題，最難的是怎樣令 Pierre 安定地站穩讓我套車。而靠著新買來的籠頭，只要拉動籠頭上的轡繩便可以指令 Pierre 轉彎和停車。

在翻新驢車的時候，我發現 Pierre 的狀態好像有點問題，他不吃不喝坐在地上。（聽說驢跟馬一樣，身體狀況好的話是不會盤坐的，就算晚上睡覺的時候同樣站著。）有時會見他把頭擱在地上，雙眼快要闔上，好像不會再張開似的，這樣的狀況維持了接近一個下午，糟了！是不是賣家把一頭病驢賣給我了？還是因為 Pierre 昨天打架打得元氣大傷呢？我坐立不安，最後只好默默地蹲在 Pierre 的身旁，抑壓著腦海裡有如泉湧的負面思緒。

我心裡浮現了這個最差的想法，所以我立刻撥打 114★，詢問一下到底附近有沒有獸醫。

和女朋友一起為驢車翻新刷漆。一番辛勞後，才知道旁邊有家小店可以代為噴漆，只需十塊錢。

Pierre 的病樣。我以為他得了甚麼大病，嚇得半死。

果然，在這一帶地區確實有一家獸醫診所，但可惜太遠了，以Pierre現在的狀況來看，不適宜走這麼遠的路。

當我抱著Pierre，內心萬分擔憂的時候，一個維吾爾族婦人抱著嬰兒走過來，那嬰兒頭頂戴上一頂小白帽，用毛線編成，應該是婦女親手編成的。她拿了一些苞穀（曬乾了的玉米粒），放進小白帽裡，餵給Pierre，沒想到Pierre果然張口就吃，接著婦女把那頂沾了Pierre唾液的小白帽當成毛巾一樣，往嬰兒的頭上刷，Pierre也站起來了，走去我一早爲他準備好的飼料盆前，大口大口地吃起來。這到底是什麼一回事呢？我到現在也搞不清楚，這是維吾爾族人的其中一個傳統嗎？後來李老闆的親戚告訴我，Pierre應該是吃了別人餵的綠豆粥，肚子不舒服而已，那時不禁在想，我連在城裡都沒有照顧好Pierre的飲食，之後在荒郊野外該怎麼辦？怎麼辦！

★阿Q旅語

這是在中國境內電話導引的信息服務，可以讓你隨時查詢所需資訊，如電話版黃頁，名爲「號碼百事通」。在中國任何地方、任何時候，使用固網電話或手機撥打114，便可接駁到「號碼百事通」，查詢所需的商戶資訊，包括餐飲、住宿、醫療、娛樂、理財……電話接通後，可向服務員詢問相關商戶的電話、地址等資料，更可直接轉駁至建議商戶；如欲預約餐廳、酒店，「號碼百事通」服務員也可代爲辦理。

圖文解說：驢車的結構與裝備

讀者們看我以驢車代步旅行，可能會對驢車的設計和結構產生興趣，甚至會提出一些疑問，例如說「怎樣為 Pierre 套上驢車呢？」「這個驢車部件叫什麼？那個套車工具又叫什麼呢？」尤其是我這種出生在城市的人，起初面對著以上難題的時候，往往都是一臉茫然，畜力車的歷史源遠流長，不是三言兩語便能解釋得清楚。現在憑藉我的趕車經驗，以及事後的資料搜集，通過我的禿筆為大家綜合解說，再借用手繪插圖，希望能達到深入淺出的效果。

中國是最早使用畜力車的國家之一，考古人員發掘出來的車馬坑中，有可靠的線索證明早在三千多年前的殷商時代，已經出現設計成熟的馬車，由此可以推斷，畜力車早在夏代已發明，直到商代時，造車技術得以成熟發展，即使到兩千年後的晉朝時期，設計仍是以殷商時代的古車結構作為改進藍本。

早期的畜力車都以馬車和牛車為主，其實中國本來並沒有毛驢，驢是在商代開始，才由西北民族引入，直至千年之後才開始應用在中國的交通運輸上，在此之前，主要是西北大漠的商旅才會用到毛驢作為運輸工具。不過現今的驢車和馬車在結構上大致相同，無礙以下說明。

在《詩經》中，也可以反映出古時畜力車的複雜結構。一部車劃分出很多細微的部件，比如椅、轡、輿、軓、軛、衡、轅、軾、軸、輻、軌、轄等字，作為古車某特定結構的名詞，即使是我的驢車和套車工具，雖然現代設計更成熟，但也能採用以上古字來加以說明，如「轡(1)」可解作韁繩，「輿(2)」可解作長方形的車廂，「軸」這個字對我們而言最簡單，即連接兩個車輛的中軸。古人用字精鍊準確，在介紹部件和結構的時候，將會盡我所能兼用古字說明，如此一來可以令讀者感受到古人對造車技術的了解。

古代馬車的歷史發展流程可分為三個階段，分別為最初的頸式繫駕法、中期的胸式繫駕法，再發展至沿用至今的鞍套式繫駕法，在此我不贅述三個繫駕法的不同之處，有興趣的讀者可以參考有關書籍。現在我所駕的驢車是採用鞍套式繫駕法，跟另外兩種繫駕法的最大分別在於加上了馬鞍，由馬匹的背部承重，有別於用馬匹的頸或胸受力承運，鞍套式繫駕法的好處是降低了車的重心，加強了穩定性，並充分利用馬匹最強而有力的肩胛部位，增強了挽車能力。

驢車主體

古時有各種形形色色的車，多以其功能或特色分類，如「駟車」是由四匹馬拉動的馬車，「鼓車」是傳達軍令與激勵士氣的軍事用車等。而我的驢車，如果硬要區分的話，則可歸納為「軺車(3)」，即一種以一匹馬拉動的輕便車，只不過我以驢代馬而已。車前的直木稱為「轅(4)」，又分單轅車和雙轅車，駕在牲畜身上。我的驢車是以鐵皮製成的，所以車「轅」是兩根直鐵，「軨(5)」是指車廂前面和左右兩面的木欄。

車輪

我起初所用的輪組尺寸為二十六英寸（輪圈尺寸）乘二點五英寸（輪胎寬度），後來在佳木鄉巴扎換上二十七英寸乘三點五英寸的輪組，受力程度較原先的輪組強。又有分四輪和兩輪車，四輪車比較適合走在平地上，重量可分布於四個輪子，牲畜受力較少，令行車速度加快，但卻因為輪子多，走在凹凸不平的道路上時會搖擺不定；而兩輪車則可以適應複雜的地形，所以在新疆以驢車代步旅行時必須要用兩輪車，不然我也不可能翻越天山達坂。另外，我還會帶上備用內外胎做替換之用。

輪

驢車組件一覽表

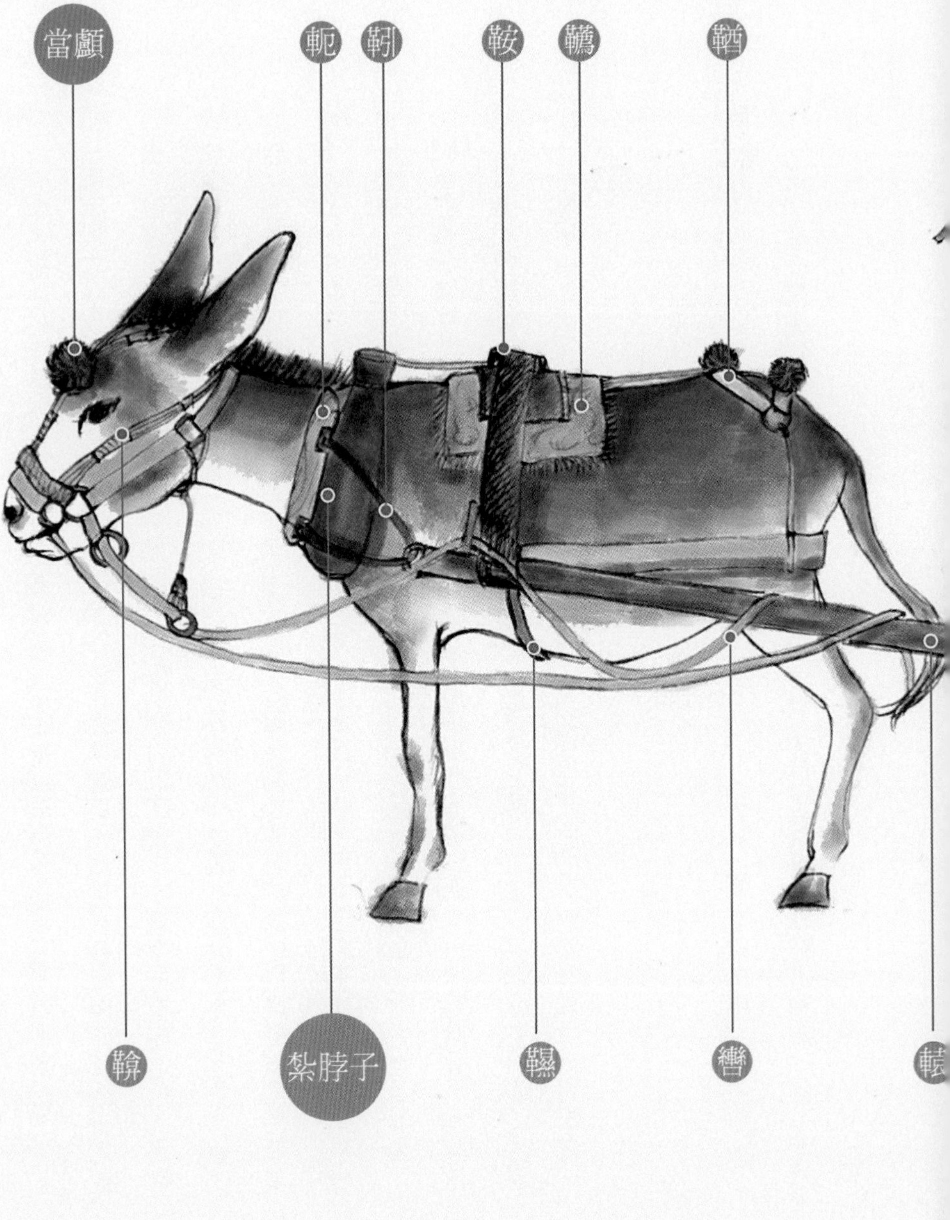

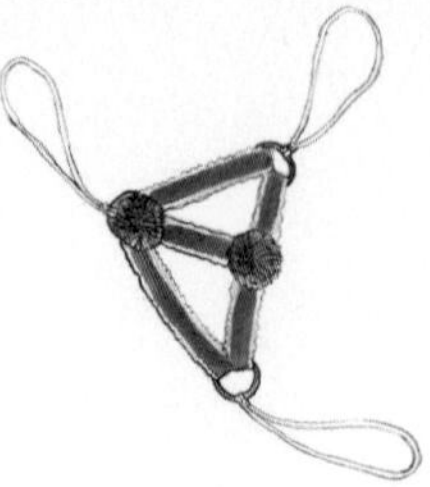

上臂帶（鞧）

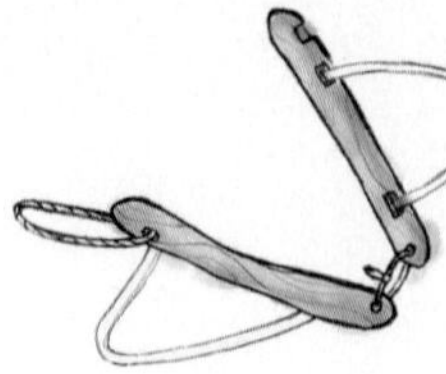

軛

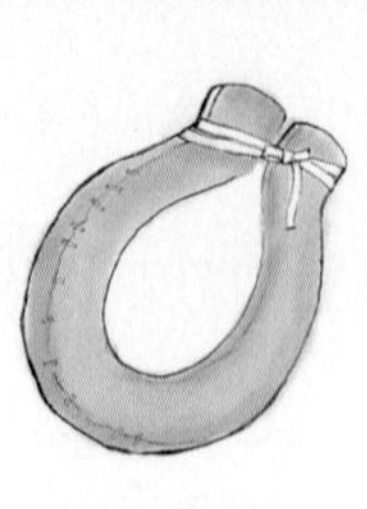

絭脖子

鞍套工具

一個金屬製的馬鞍(6)，由一條寬皮帶懸掛起來，繫在兩轅之間，在馬鞍下墊「韉(7)」，即一塊厚狨皮（我所用的是一個棉花靠墊），可保護驢背，以免在挽車時背部因受力而磨傷。驢車上有兩「靷(8)」，是指協助馬匹拉車前行的皮帶，一端繫在車轅之前，另一端繫在馬頸上的「軛(9)」。「軛」即架在馬頸上的兩條短小木棍，而在為Pierre架上「軛」之前，首先要替Pierre戴上絭脖子，價貴的高檔貨是用皮革製成的，而廉價貨則用乾草壓製而成，再用布料包裹著（我用的當然是廉價貨）。絭脖子的作用是避免在「軛」受力的時候，保護馬匹的肩胛以免磨損。在套車時，馬匹的臀部上有一組呈三角形的皮帶，在股後亦有一條緊貼著尾椎下方的皮帶，兩者在古時均稱為「鞧(10)」，現代則分別稱之為上臂帶和煞車帶，具有煞車的功效。最後，在馬匹的腹下位置，必須要在兩轅之間繫上一「韅(11)」，這是一條套在馬腹上的肚帶，以防因車廂的承載量過重時，馬車會往後仰翻。

馬嚼子

現今大多是用鐵製的，古時候會以青銅或骨製成，馬嚼子在古時稱為「鞿(12)」或

馬嚼子（鑣或銜）

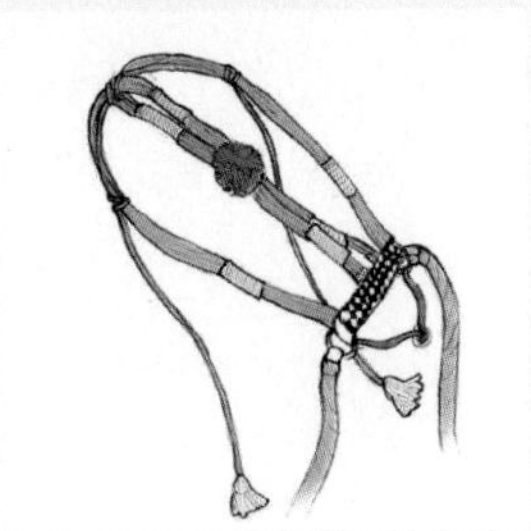
籠頭（靲）

「銜」，帶有牲畜用嘴含著的意思，有所謂「銜在口中，鑣在口旁」。而「鑣」則是上圖的馬嚼子兩端露出嘴外的鐵圈部分，又有說「鑣轡」。上文曾解「轡」即是韁繩，馬嚼子需要配搭韁繩，才可以發揮其控制牲畜拐彎和停車的作用，首先要把韁繩的兩端，結在嚼子上「鑣」的部分，然後在駕車時手握韁繩，手往左拉，毛驢便會轉左，手往右拉，便轉右，要停車的話，只需要用力把韁繩緊拉向後，操作非常簡單。嚼子還可以扣在「靲(13)」上連成一套，「靲」意為籠頭，是一種套在馬頭上的工具，扣上嚼子和繫上韁繩之後，戴在馬或驢的頭上便可。Pierre 的專用籠頭上，有一個紅毛球，古稱「當顱(14)」，泛指馬額中央的裝飾物，但在古時多以鏤金作為飾物。其實維吾爾族老鄉趕驢車比我簡單得多，他們手拿一根長樹枝，吆喝毛驢，毛驢便會聽話地順著他們的心意而走，用不上馬嚼子，只是我功力尚淺，還沒達到這樣的境界。

最後總結出套車的流程：

一、先安撫 Pierre，輕力推打令他後退至兩轅之間；

二、把兩轅壓下來駕在 Pierre 身上，馬鞍要平整地落在 Pierre 的背部；

三、繫上肚帶，再擺放好上臂帶和煞車帶；

四、替 Pierre 帶上籠頭，收好韁繩；

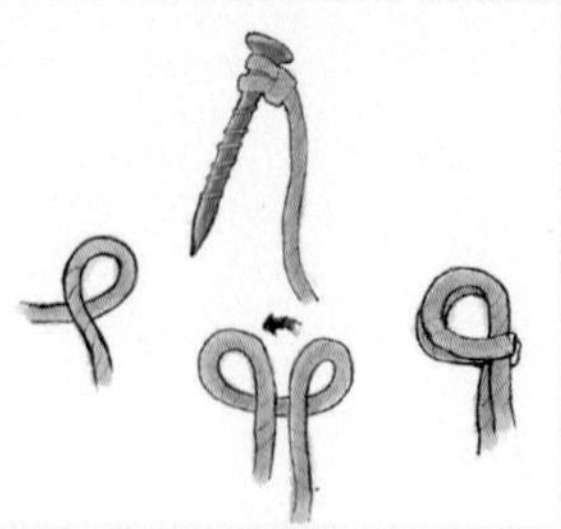

只要將繫上Pierre的韁繩像這樣綁在大鐵釘上，然後再把鐵釘打在泥地上，便可以拴住Pierre，不讓他到處亂跑。

五、最後重頭至尾檢查一次，以確保各個程序均妥善完成；

六、出發上路！

別以為這樣寥寥幾句便交代好套車的步驟，下手時可以一氣呵成，事實上過程中會有很多困難，特別是剛開始趕驢車旅行的時候，而最大的麻煩莫過於Pierre不聽話，不肯乖乖地後退至兩轅之間準備套車，即使他已經站穩，有時也會在我壓下兩轅時拔足而逃。剛開始套車的時候，曾試過用一個小時才成功在跟Pierre的角力戰之中勝出。但到後來，因為工多藝熟，以及Pierre愈來愈順從我的指令，最終用不上十分鐘就能套好鞍具。

注釋：

(1)轡：音ㄆㄟˋ，控制牛、馬等牲口的韁繩，也指套在牲口嘴中的金屬零件。轡字從「絲」，所以與繩索有關；此字又從「軎」，軎是古代車上的金屬零件。《詩經．小雅》：「我馬維騏，六轡如絲。」

(2)輿：音ㄩˊ，本義是「車廂」，《說文》注此字爲「車中受物之處」。又可引申爲車子或轎子。

(3)軺車：音ㄧㄠˊㄔㄜ，司馬貞索隱：「軺車，謂輕車，一馬車也。」《史記．季布傳》：「朱家迺乘軺車之洛陽，見汝陰侯滕公。」

(4)轅：音ㄩㄢˊ，車前用來套駕牲畜的木頭，直的稱「轅」，彎曲的稱「輈」。《說文》：「大車、柏車、羊車皆左右兩木，曰轅，其形直。……一木穹隆而上，曰輈，其形曲。」

(5)軨：音ㄌㄧㄥˊ，橫在車廂前面和兩旁，用來擋風沙塵土的木欄。《說文》：「軨，車轖閒（間）橫木。」

《楚辭．九辯》：「倚結軨兮長太息，涕潺湲兮下沾軾。」

(6) 鞍：音ㄢ，馬背上的騎墊。有人稱「鞍橋」，因爲馬鞍的形狀像橋而得此名。《漢書．李廣傳》：「令曰：『皆下馬解鞍！』」

(7) 韉：音ㄐㄧㄢ，馬鞍下的墊褥。《說文新附》：「韉，馬韝具也。」「韝」是古代射箭時所穿袋的皮袖套，有保護手臂不會因摩擦而受傷的功用，所以「馬韝具」就是保護馬背不被馬鞍所傷的物品。〈南朝梁．木蘭詩〉：「東市買駿馬，西市買鞍韉。」

(8) 靷：音ㄧㄣˇ。《釋名．釋車》：「靷，所以引車也。」《左傳．哀公二年》：「我兩靷將絕，吾能止之。」孔穎達疏：「古之駕四馬者，服馬夾轅，其頸負軛，兩驂在旁，挽靷助之。」

(9) 軛：音ㄜˋ，在車衡兩端扼住牲口脖子上的曲木。《古詩十九首》：「南箕北有斗，牽牛不負軛。良無磐石固，虛名複何益。」

(10) 鞧：音ㄑㄧㄡ，指套車時拴在牲口股後尾間的皮帶，有收縮收緊之意。《釋名．釋車》：「鞧，遒也。在後遒迫，不得使卻縮也。」「遒」有逼迫與強力的意思。

(11) 韅：音ㄒㄧㄢˇ，指駕車時套在牲口腹部（一說背部），用以縛緊鞍的皮帶。《釋名．釋車》：「韅，經也，橫經其腹下也。」《史記》：「寢兕持虎，鮫韅彌龍，所以養威也。」司馬貞索隱：「韅，馬腹帶也。」

(12) 羈：音ㄐㄧ，馬口中的韁繩。《玉篇》：「羈，韁在口。」《漢書．刑法志》：「是猶以羈而御駻突。」駻是凶悍的馬，所以要利用羈駕馭。

(13) 鞥：音ㄥ，牲口頭上用來繫韁繩掛嚼子的用具。《說文》：「鞥，轡鞥，一曰龍頭繞者。」段注：「轡鞥蓋古語，轡亦名鞥也。」

(14) 當顱：音ㄉㄤ　ㄌㄨˊ，指馬首的鏤金飾物。因裝飾的位置在馬額頭中央，故稱「當顱」。《詩．大雅．鉤膺鏤鍚箋》：「眉上曰鍚，刻金飾之，今當盧也。」

想做就去做

從旅程尚未開始一直到結束，我帶驢旅遊的念頭／做法被無數人質疑過，然而，若我怕被嘲笑，或被這些過客的一兩句話嚇怕，我的人生裡便會缺少這一趟永誌難忘的旅程，也不會遇上 Pierre 這一頭獨一無二的小黑驢。

別人的嘲笑和戲言重要，還是人生裡的點滴重要？你自己選擇吧！

2

啓程

不管人們走得多慢，還是看不盡世界上所有的風光；走得快，也不會看到更多的景色。真正寶貴的是所見所想，而不是速度。就子彈而言，飛得太快沒什麼好處；就人而言，說的是真正意義上的人，走慢點也並無害處，因為單靠行走根本不能為他帶來榮譽，而是要靠個人體驗。

——約翰．魯斯金（John Ruskin）

貴人助起步

在這個世界上會全心支持你的人實在不多，要好好珍惜他們所付出的每一點力量。

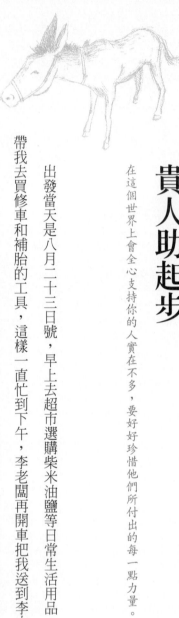

出發當天是八月二十三日號，早上去超市選購柴米油鹽等日常生活用品，之後李老闆帶我去買修車和補胎的工具，這樣一直忙到下午，李老闆再開車把我送到李大哥的家裡接Pierre，準備開始旅程。我的計劃是先到烏魯木齊探望朋友，然後折返巴音布魯克大草原，南下庫車，再朝西往喀什前進。

我的隨身物品都放在旅館，所以我必須先從李大哥的家裡駕著驢車返城，把旅館的行李放上驢車，才可以離開庫爾勒。在城裡趕驢車是一件尷尬事，首先，城裡的人會向我們投以奇怪的目光，特別是在等紅綠燈的時候，所有過路行人的焦點都會集中在我們身上，讓我感覺不自在，卻又不能衝紅燈，驢車好歹也是車，只要是走在馬路上的交通工具，當然也要遵守交通規則。遇到街道保潔人員的時候就更尷尬，一方面是有法例規定驢車不能進城，自己理虧在先自然尷尬；另一方面是我能控制驢車，但不能控制 Pierre 在什麼時候

我承認在買布時沒有要求樣式，只要求能防水防曬，大紅色的防曬篷使驢車變成新婚用的花車般，搶眼得過分。

大小便。「Pierre啊！求求你不要在城裡拉屎撒尿，如果因為你而弄髒街道、破壞市容的話，那我眞的教導無方了。」我這樣懇求Pierre，其間一直盯著他的屁股，生怕隨時隨地會從那兒掉下幾坨大便。

收好行李，跟李老闆和其他客人合影過後，我們便要趕快出發，在日落之前離開庫爾勒的城區，好讓我在郊外找到地方紮營過夜。我們離開街道縱橫交錯的城區，走上方向單一的大道，沒多久，有一輛似曾相識的七人車跟著我們並行慢駛。李老闆搖下車窗，向我大喊了一聲：「小鍾！」我眞沒想到他會追到這裡來。

他把車停在前面，一打開車門便對我說：「我帶了庫爾勒最好的饢餅*給你。」我接過一袋饢餅，又見他急步走回車廂，捧出一個大西瓜，簡短地只說了兩個字：「拿去！」當我接過那沉甸甸的西瓜時，他又補充一句：「你的毛驢子也可以吃西瓜皮，但切忌讓牠吃太

每天都要抽時間曬饢餅，以防饢餅受潮發霉。

多，會拉肚子的。」李老闆的熱情和關懷，令我不禁心生感動。在臨別之前，他還不忘叮囑我要萬事小心。

這時候我想起李老闆為我做過的一切，所謂萬事開頭難，如果在先前的準備工作當中，沒有李老闆的鼎力幫忙，我敢肯定說會事倍功半。回想起來，像李老闆這類人也是難得一見的，我相信大部分人只要聽到我說想要在新疆開始驢車旅行，要不一笑置之，以為我只是信口開河，要不就大潑冷水，說出一大堆趕驢車的缺點和麻煩，嘗試打消我的念頭。有多少人會像李老闆一樣，為一個妙想天開的小子而義無反顧地幫忙呢？在這個世界上會全心支持你的人實在不多，要好好珍惜他們所付出的每一點力量。

我們一直趕路，直到晚上八點多，天色開始逐漸昏暗，我只好在公路不遠處紮營。路邊有一個長滿灌木和野草的小山坡，我把 Pierre 拴在隱密的草叢裡，既保障

Pierre的安全，亦不用擔心他在漫漫長夜裡會餓肚子。這個地方的環境確實不錯，我還發現在山坡邊上有自來水可用，唯一的美中不足是這裡接近大馬路，不時會有大卡車往來，整個晚上我幾乎都沒有睡著。

出發前曾聽幾家養驢戶說，我的驢以前一天可以走五十公里，還有人說走九十公里也沒問題，更有甚者會說自己的驢一天走一百五十公里！第一天旅程大約在下午四點多左右出發，走到九點左右結束，知道我們走了多少公里嗎？只有大約十五公里而已，跟普通人的腳程差不多，甚至更慢。到底爲什麼 Pierre 會走得那麼慢呢？因爲負荷過重？Pierre 太瘦太弱？還是因爲我還沒學會趕驢？按我估計，應該不會是過重的原因，我記得李老闆的親戚說過，就算在驢車上放五百公斤的蔬菜，毛驢也能拉得動，我個人體重加上所有行李肯定不會超過兩百公斤，所以我只好把這問題歸咎於 Pierre 太瘦和我不懂趕驢車的技巧。

★阿Q旅語

饢餅是維吾爾族人的主食。在太陽底下把饢餅曬乾，不受潮的話可以擺放好久都不會發霉，而且方便又飽肚，泡在即食麵湯裡滋味更佳，只要見到有饢餅賣，我一定會多買兩個，以備不時之需。

新疆饢餅的種類繁多，其中以庫車大饢比較著名。當地人說「庫車饢大如車輪」，這句話絕對不誇張，雖然大不過卡車的車輪，但比起自行車的車輪還是不遑多讓。說起「饢」這個字，我肯定它跟波斯語「Naan」有關係，除了因爲兩者讀音相近之外，也由於我在印度旅行的時候，最喜歡吃的其中一種食物就是 Naan，我甚至在印度首都德里買下一本烹飪書，當中介紹了 Naan 的歷史：自八世紀開始，阿拉伯人開始入侵印度，帶來伊斯蘭教文明，穆斯林的數量也開始增多，也從阿拉伯半島傳入 Naan 等飲食文化。新疆的饢，是在烤坑中烤製出來的麵餅，和 Naan 的做法大同小異。

維吾爾族人原先把饢叫做「艾買克」，直到伊斯蘭教傳入新疆之後，才改稱「饢」。總而言之，饢的歷史非常悠久，傳說當年玄奘出走西域，穿越戈壁沙漠時，身邊所帶的食品就是饢。

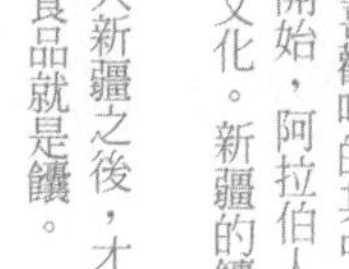

新疆「三寶」

世間上任何人都有質疑別人的自由，要爲無關痛癢的人花這樣的心思逐一辯解，那倒不如盡力做好自己。

新疆有「三寶」，一是蚊子，二是變化莫測的天氣，三是強風。

出發後第二天的下午才經過喀什店鎮，那兒距離庫爾勒只不過二十公里而已，竟然花那麼長時間才走這麼點距離！在這段路程裡有一小段下坡路，Pierre 走到這裡的時候竟然主動跑起來，好像突然渾身是勁似地，我也因此激動起來，以爲 Pierre 終於發揮潛力，誰知道原來 Pierre 的蠻勁只是曇花一現，讓我空歡喜一場。

從庫爾勒出發之後，新疆毒辣的太陽一直在煎熬著我們。雖然在驢車上架起了遮陽篷，能夠阻擋陽光，但在中午的時候，太陽的熱力仍然可以穿透遮陽篷，累積在驢車裡，我猜當時的溫度已經高達三十五度。我活像蒸籠裡的燒賣，一下子就給蒸熟了，熱得我兩頰發紅發燙。

我們在烈日下抵達七個星鎮，在樹蔭下有幾個村民坐著聊天，旁邊還有一間小賣店，

Pierre 愛吃的長青草，在水源充足的地方大多會找得到，我會在長青草叢裡停上一兩個小時，讓 Pierre 好好吃草、飲水、休息。

擺出一台冷藏飲料的電冰箱。我實在無法抵抗這樣的誘惑，也在天賜的樹蔭下停車休息。剛好在小賣店的後面有一條細流小溪，兩旁長滿了綠油油的野草，這不僅滋潤了周邊的植物，還滋潤了一直辛勞工作的 Pierre。替 Pierre 解開車套後，他便迫不及待大口大口地享受充滿水分的長長青草，而我也在小賣店喝到久違的冰凍飲料，感受透心的涼爽。

我在樹下休息的期間，遇見一位風趣幽默的卡車司機，他也是路經此地，停靠在小賣店，買飲料和替卡車水缸加水。他一見到我就跟在場的其他人說：「他的驢車跑得真快，我開車追了一天一夜才追得上。」引得在場的人哄堂大笑，後來有不少村民走過來搭訕，我記得有一個大姐跟我說了一句話：「我看準你走到半路就會受不了把毛驢扔掉。」我只是輕輕搖頭，微笑著簡單地回應她兩個字：「不會。」我並沒有加以駁斥，因爲我知道，世間上任何人都有質疑別人的自由，如果要跟他們逐一辯解的話，我豈不是要浪費寶貴光陰解釋到猴年馬月？要爲無關痛癢的人花這樣的心思，那倒不如盡力做好自己。

我們繼續前行，離開七個星鎮之後，地理景觀慢慢地變爲人跡杳然和草木不生的戈壁灘，除了眼前一條黝黑的柏油大道之外，就只剩下乾得龜裂發黃的遼闊大地。天氣亦慢慢

行李一覽。

我有大量構圖類似的照片，都是從驢車上向著 Pierre 的屁股往外拍，只是背景不一樣而已。為了讓照片變得獨特，唯有用腿搶鏡！

轉涼，雲層愈積愈厚，微風悄悄地吹起。我開始懷念那曾經讓我生厭的金太陽。那夜我在戈壁灘上紮營（其實我有三分之二的時間都在戈壁灘上紮營），半夜睡覺的時候，強風一直在拍打帳篷，像是風在怒吼，帳篷的一面被吹得壓下來，打在我的臉上，一整夜我都不敢入睡，擔心強風會吹垮帳篷。幸好帳篷的質量良好，支架沒有被吹斷，但到早上起來的時候還是在刮強風，使我在收拾帳篷時狼狽不堪，吹飛了的帳篷外層，僥倖被一株沙棘卡住，我連忙跑去撿回來的同時，又看到 Pierre 的飲水膠盤已經被吹得老遠，而我那時好像看到 Pierre 在偷笑，似在恥笑我手腳笨拙。

出發後，戈壁灘上依然吹著強風，而且愈吹愈烈，Pierre 的腳步有點不穩，我頭頂上的防曬篷被吹得呼呼作響，驢車都快要往外飛了！我控制不住 Pierre，他快要走到路中間去，這時路上開來一輛大貨車，幸好車速不快，來得及煞車，否則我們都會被撞倒。防曬篷都已經被吹爛了，我索性把防曬篷除掉，留下四條鋼支在強風下繼續挺立。驢車看起來更可笑，但除掉防曬篷之後，Pierre 便可以繼續靠在路邊走直線，緩緩地繼續爬坡（從庫爾勒出發後基本上是爬坡，到烏魯木齊的話要翻過海拔四千多米的勝利達坂和天山一號冰川）。

惡蚊肆虐

每個人對「旅行」都可以有不同的闡釋，但我依然認爲，旅行者（traveller）和遊客（tourist）兩者在本質上是有明顯區別的。

在夏季，不得不提及新疆「三寶」之一的蚊子。新疆的蚊子通常會在午後太陽光減弱之後開始群起出動，有司機說他曾見過蚊子鋪天蓋地在飛，像一大片烏雲橫空而過，不會放過地上任何一隻有血的動物。這個場景當眞恐怖，光是想就足以令我渾身起雞皮疙瘩。由於驢車的速度緩慢，所以在趕驢車的時候一定會有十多隻蚊子纏身。除了蚊子之外，這裡的蒼蠅也不少，怎麼都趕不走，後來我索性讓牠們依附在身上，不再費力驅趕。

我們穿過小戈壁灘，拐進不生寸草的山谷。烏拉斯台河從峽谷順流而出，分隔出車道和河道，我們繼續沿著公路逆流而上。在車道上往幽谷朝下細看，翻攪奔騰的河水拍打著堤岸，在灰褐色的峽谷裡捲起閃閃發亮的銀色泡沫，令峽谷單調而沉寂的景致生色不少。Pierre 還是一貫地以他平常的步速慢慢前進，我開始習慣這個速度，讓我有充裕的時間去仔細觀賞路上每一種事物。這裡的斷崖峭壁、修路工人飽歷滄桑的面孔，以至從狹縫裡生長出來的小黃花都鉅細靡遺地呈現我眼前，即使是以前的自行車旅行也沒有這樣的體驗。

十九世紀英國旅行家兼藝術評論家約翰．魯斯金有一名言：「旅行的無聊程度恰與行進的速度成正比。」他甚至認爲乘坐火車根本不能算是旅行，旅客像一個包裹，只是被集體「送」到目的地而已。雖然這番說法放諸今日來看，未免有點偏激，但在更久遠的年代來說，普羅大衆對旅行的看法，卻不等同當代人搭火車坐飛機到達目的地，在旅遊景點拍照留影，在高級餐廳飲飽吃醉，諸如此類的輕鬆度假方式。對知識份子來說，「旅行」是一種冒險，過程中會遇到種種不同的磨難，甚至會危及生命，在歷練之後，無論身體和心智都會得到成長。

我不喜歡定義「旅行」，旅行回家之後，我只會單純地告訴朋友自己去旅行了，不會用上「流浪」和「出走」等意圖替旅行增添浪漫色彩的辭彙，時代已變，每個人對「旅行」都可以有不同的闡釋，但我依然認爲，旅行者（traveller）和遊客（tourist）兩者在本質上是有明顯區別的。

自從沿著烏拉斯台河逆流而上之後，我一直想在河邊找一個有野草的平地紮營，但一路上都沒看到能去到河邊的分岔路。剛巧有摩托車司機告訴我，前方不到五公里有一條岔路直達河岸平地。沒過多久，我們就到達他口中所說的岔口，我下車牽著Pierre離開公路走到平地上，那裡有幾棵大樹，而且可以看到在不遠處有一潭水池，還有其他人露營時留下的痕跡。乍看這裡是一個理想的紮營地點，我在空地上架起帳篷，把Pierre放在池邊吃草。可是過了一會兒，我就發覺Pierre有點不對勁，他表現得有點暴躁，不時低頭輕咬自己的肚子，我細看一下，他平時白而圓渾的肚子上伏著很多黃褐色的小蚊子，這些蚊子在開大餐群起叮咬Pierre，而且已經吸飽一肚子的血，我可以看到Pierre的血液在牠們半透明的肚子裡。一怒之下我在地上撿來一根樹枝，企圖把Pierre肚子上的蚊子掃走，弄得樹枝上都沾滿了血，更過分的是有些蚊子竟然依附在Pierre的生殖器和陰囊上吸血。我忍無可忍，往Pierre的肚子上潑水，但仍然無濟於事，蚊子還是強頑地繼續匍匐在Pierre的身上。

蚊子愈來愈多，我想是因爲那一潭將近沉寂的死水滋生了這麼多蚊子。我立刻打電話向身在成都的女朋友求救，她亦馬上到附近的動物醫院找人幫忙，看看有沒有別的辦法。我用手機在Pierre的肚子拍照，

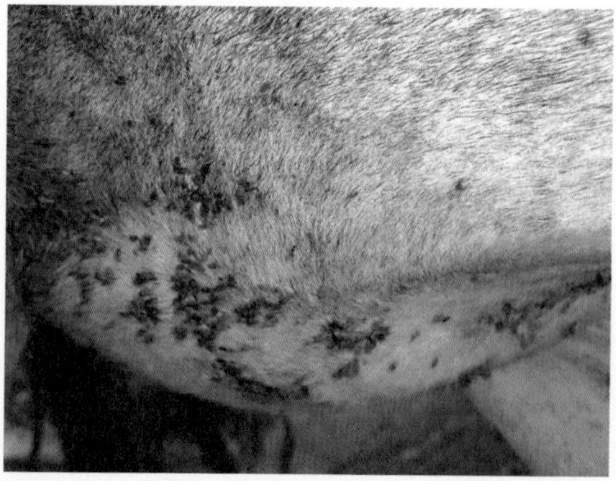

這幅照片只拍到Pierre肚子的一小部分，但光是這一小部分，惡蚊已經多得讓我感到噁心。

然後發送給女朋友，但因爲圖片太小，醫生無法判斷那到底是什麼昆蟲，醫生建議我找尋當地人協助，因爲他們會比較了解當地的生活狀況，找出應對方法。

我先把帳篷打包好，然後回到公路上等待當地人出現，剛巧這個時候來了一個騎摩托車的蒙古大哥★，我唐突地將他攔下來。「你可以幫幫我嗎？我的毛驢被蟲咬得整個肚子都是血！」我以懇求的語氣對他說。

可能因爲我表現得相當可憐，打動了這位蒙古大哥，他願意跟我去營地看個究竟。蒙古大哥找來一根樹枝，蹲下來，用樹枝在已經叮得血跡斑斑的肚子上來回掃了幾次，便回過頭來，漠不關心地告訴我：「這沒什麼事，用水潑一下就可以了。」我從驢車上翻出來一瓶水，使勁地往 Pierre 的肚子上潑，但蟲子照舊盤踞原地，絲毫不受影響。蒙古大哥看到這個情況，還是冷漠地唸著：「沒事，沒事……」

「怎麼會沒事呢？在我眼中這可是一樁大事情啊！」我心裡是這樣想的，浮躁得差一點就忍耐不住要跟蒙古大哥爭辯，現在算不算是「有事」。我擔心 Pierre 會痛癢難當，嚴重的甚至會因爲蚊蟲叮咬而感染疾病。

不管怎樣我都要離開這裡，再找一個蚊蟲較少的地方紮營過夜。蒙古大哥說他家前有一塊草地，就在前面不遠的另一個岔口，我趕緊替 Pierre 套上驢車，跟著蒙古大哥走到他家前的空地重新紮營。當時已經入夜，我拴好 Pierre 之後，只好咬著手電筒幫助照明，然後空出兩手在一片漆黑之中搭起帳篷，忙過一輪後，才記起自己還沒吃晚餐。我在星空之下點起汽油爐子，燒開水煮了一碗即食麵，在剩下的湯中泡上幾塊乾饢餅。雖然環境較差，但看著 Pierre 低頭吃草的身影，在旅行中有毛驢相伴，還是別有一番滋味的。

★阿Q旅語

居住於新疆境內的蒙古族人約有十六萬，主要分布於巴州、和布克賽爾、烏蘇、精河等地，多以畜牧維生，因此居於草原上。不論性別、年齡，都愛穿蒙古長袍和馬靴（但近年已愈來愈多年輕一輩轉穿汗衫、褲子等休閒服，傳統服飾在節日、喜慶宴會時穿著），食物以奶製品、麵及牛、羊肉爲主。

住宿停車

我這個人沒有駕照，不會開汽車，沒想到第一次停車住宿，停泊的竟然是驢車……

在路上總有些人會出於好奇，問我要到哪裡去，聽我說要去烏魯木齊之後，他們的表情會由好奇轉爲驚奇，因爲當地人都知道，即使在九月初，海拔高達四千多米的勝利達坂也已經開始下雪，路況差而且斜度驚人，一天之內翻不過達坂的話，Pierre 肯定會凍死。再三思量過後，我決定不到烏魯木齊，直接沿 217 國道往巴音布魯克大草原前進，再到庫車，然後再順著 314 國道去喀什。雖然我眞的很想先去烏魯木齊探望朋友，但始終要將 Pierre 的生命安全放在第二位（第一位當然是我自己，我畢竟是一個貪生怕死之徒），如果他因爲我的堅持而失去生命，我會因此後悔一生。

在離開蒙古大哥家前的營地之前，我仔細檢查 Pierre 昨天被蚊子叮咬的患處，發現肚皮上大部分患處都已經結痂，幸好沒有紅腫，讓我可以安心出發。接著我們繼續朝位於烏拉斯台河中游的巴倫台鎭緩緩前進，沿途路經漢人村落，看到一位阿姨正挪出收割好的白菜，井然有序地堆放在門前，等候卡車到來接收，再運到城裡販賣。

蒙古女人的英姿——果然是生在馬背上的民族。我一開始也考慮過騎馬旅行，但馬對水草的質量要求較高，不如新疆驢粗生粗養和刻苦耐勞。

我跟阿姨打了個招呼，她在忙碌地做事，我甚至可以看到她臉上滲出的，代表著辛勤工作的汗水。她向我點頭微笑，用衣袖擦拭額頭上的汗水，同時間，我清楚聽到毛驢的鳴叫聲從她家後的園子裡傳出來，Pierre也聲嘶力竭地做出回應，我馬上意識到阿姨應該知道爲牲口防蚊的措施。阿姨說：「這樣的情況很常見，不會傷害到毛驢的性命。」說罷，她從屋子裡拿出一瓶咖啡色的獸用藥水和一條方正的舊毛巾，把藥水倒在毛巾上，然後塗抹 Pierre 的肚子，那時候 Pierre 的肚皮上還有數隻蚊子在享受鮮血。阿姨用滲藥的毛巾擦過之後，蚊子馬上掉在地上死了，而且其他蚊子都不敢再靠近。這瓶藥水的氣味非常奇怪，怎麼說呢？就好像是放鞭炮和劃火柴時所散發的氣味，相信就是這種奇怪的氣味令來犯的蚊子卻步。阿姨以十塊錢的價格把這瓶獸藥轉賣給我，我爽快答應，因爲可以用十塊錢去解決一個讓我揪心多時的難題，十分值得。

我想在臨近巴倫台前數公里的路上，找尋一戶當地人家，將Pierre暫時寄養兩天，而我則在鎮上找個小旅館整頓一下。這不只是想讓Pierre得到充分休息以恢復體力，其實連我自己也快要累壞了，畢竟連續一星期露宿戈壁灘的過程實在不好受。午夜夢迴，總會拉開帳篷幕門，拿起手電筒照看Pierre，怕他會走掉，有時又擔心他會餓肚子，便在盤子裡加些飼料。一晚醒來好幾次，基本上沒有一天睡得熟。

我在車道上拐進一條小路來到一個村民的家，看到門前圈養了數隻小羊，而且圍欄裡的牧草長得高高的，於是我很冒昧地走過去跟主人攀談起來。主人家是一個蒙古大漢，個頭很大，外表就像中學的中國歷史書上，成吉思汗的肖像圖一樣。他身穿一套寶藍色的連身長袍，衣領和袖口都繡有黃色的鑲邊，在腰間繫著一條橙紅色的腰帶，顯得雍容又不失豪邁的氣勢。

「我從庫爾勒一直趕著驢車旅行到這裡來，接下來會到巴音布魯克去。」我一邊指著我的驢車，一邊跟主人家說，試圖向他解釋我是一個趕驢車的旅行者。他聽過之後點點頭，露出一個很理解和認同的表情。我馬上乘勝追擊，問道：「我的毛驢走累了，我想讓牠在這裡吃草，休息一兩天，可以嗎？」同時，我心裡想，如果主人家欣賞我趕驢車旅行的舉動，或許會無償收留 Pierre。但我萬萬沒想到，他竟然會獅子開大口，答曰：「你可以付多少錢？一百塊一天行不行？」

坦白說，我深信我在巴倫台鎮也不會願意爲自己掏出一百塊錢的住宿費，我實在接受不了 Pierre 住得比我還昂貴，所以我只好牽著 Pierre 轉頭離開。

出發一個星期，我們才到達距離庫爾勒約一百五十公里的巴倫台鎮。不過，如果要說服旅館多收留一頭毛驢應該不是一件容易的事，但沒想到只找了一家旅館，來自四川的老闆娘便很爽快地答應我的要求。她說她從來沒見過趕驢車旅行的人，就是這個原因她還給我的房租打了一個折扣。老闆娘讓我把 Pierre 拴在樹下，更替我安排一個可以觀察到 Pierre 的房間，我晚上可從房間的窗戶察看 Pierre 的狀況。而我也順理成章地把驢車停靠在旅館門前，與其他吉普車和貨車停在一起。我這個人沒有駕照，不會開汽車，沒想到第一次停車住宿，停泊的竟然是驢車……

屎尿屁

Pierre 的屁真的很臭！

Pierre 拉著車，每天至少會放十個屁，我坐在驢車上，每次看到他翹起尾巴，屁眼蠢蠢欲動的時候，我會馬上捂住鼻子。在吃早餐的時候嗅到 Pierre 的屁，最讓我受不了，起初我會再吃不下手上的饢餅，到後來，開始習慣了 Pierre 放屁的氣味，有時吃著饢餅嗅到他的屁也沒什麼大不了，最多轉過頭，等到臭味散開之後再繼續吃。

據《大唐西域記》和傳說所載，在大龍池有一個有關驢屁威力的故事。話說池中有一條好色的龍，喜歡化成人形，與婦女交合，結果龍種個個驍勇善戰，卻又不服從金花王的命令，所以金花王找來突厥人把城裡人殺個精光，剩下城中的毛驢，於是好色的龍又變成驢，找母驢交合。公驢見狀當然不服，便奮起嘶叫，召集城中所有公驢，對著龍池放屁，讓池水臭氣沖天，龍王抵擋不住，便沉入池底千年不再露面，可見驢屁威力無窮。

每次替 Pierre 解開車套，他第一件要做的事就是找一個空地撒尿。他撒尿時，會分開後腿，生怕自己的尿會沾在腿上。有時在拉車時憋不住，也會停下來分腿撒尿，但 Pierre 撒尿時很用力，尿液衝擊在堅硬的柏油路面時會反彈上來，沾濕他自己的腿。

Pierre 這個姿勢是否很可愛？但要事先說明一下，他的尿非常臊臭。

剛養 Pierre 的時候，看到 Pierre 的尿有點渾濁，一度以為他有腎病，但翻過有關馬病的書，Pierre 卻沒有其他腎病或膀胱病的症狀，直至看到其他毛驢的尿色之後，才知道我多慮了。

書上說，一隻身體健康的毛驢，拉出來的屎是黃褐色的，形狀像人的腎臟一樣，或是成不規則的團狀，落地後一部分散開，才是一頭健康的毛驢。每次看到 Pierre 翹起尾巴，作狀要拉便便的時候，我都會非常緊張地盯著 Pierre 的屁眼，心裡盼望著出來的會是一坨坨完美無瑕的屎。有時看到 Pierre 的屎有點兒軟綿綿的，我會很擔心，接著會特別留意後幾次出來的便便情況。但當我記得原來是我自己給他吃了半個西瓜的時候，便會放下心頭大石，如果我一下子吃上半個西瓜，拉出來的還是硬的那才奇怪吧！

其實每當看到 Pierre 的便便，我都會想起一件往事，在鐵力買提遇上暴風雪，我們避難住在修路工人的帳篷，因為擔心Pierre在帳篷外會被凍死，便懇求工人讓我把Pierre拉入帳篷，既然Pierre是我的驢，我就有責任照顧好他，當然還要負責任清理好Pierre的糞便，以免影響其他人。我在鐵力買提隧道裡撿了很多塑膠布，帶回帳篷去親手把Pierre拉出來的屎一坨坨撿起來包好丟掉，那是一段很難忘的記憶。雖然艱苦，但最終我們還是熬過去。

每天早上，我都會拿著洗漱杯，一邊刷牙，一邊用手上的牙刷，仔細地去點數Pierre在漫漫長夜裡到底一共拉出多少坨屎，從而看出Pierre吃得夠不夠，會不會在晚上餓著。毛驢的消化能力很強，據我經驗所得，一晚平均能拉八到十坨便便，可想而知Pierre一個晚上能吃多少飼料。

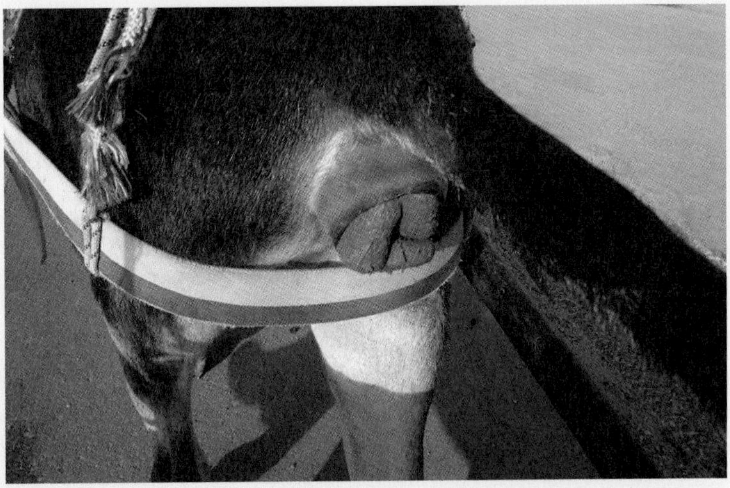

Oh yeah ！ Pierre拉出來的大便是黃褐色的！

人情冷暖是必然

每個人都有自己的生命，每個人都有自己的追求，爲什麼要去管別人的事？別說提供實際援助，即使純粹是精神上的支持，也需花力氣的。

別只懂埋怨人情冷暖，試站在別人的位置想想，人家做好自己的事已很難了，怎能輕易予人幫助？遇上幫忙甚或只是支持你的人，學會衷心的感謝。

3

駿馬的天堂

動物真是最可愛的友伴——牠們不發問也不批評。

——喬治・艾略特（George Eliot）

進入大草原

每當風吹草動時，青青長草隨風擺動著柔嫩的身體，婀娜多姿，像在對 Pierre 招手一樣：
「快來吃我吧！」

巴倫台鎮是由一條街道兩旁的建築物組成的小鎮，鎮上沒有幾條橫街，除了一個加油站之外，這裡的民房大多改建成超市、餐館、旅館。小商店和政府機關構成一個山區小鎮，用不上五分鐘便可以從街頭走到街尾。雖然巴倫台鎮的規模精小，但從地理位置上來看，它卻是一個打通南北疆的交通要塞，幾乎大部分來往南北疆的旅客都會路經此地。

在巴倫台附近有一個旅遊景點，是一座擁有一百多年歷史的寺廟，屬於藏傳佛教中的黃教（格魯派），故稱黃廟。我很喜歡參觀藏傳佛教的寺廟，但由於要忙著照顧 Pierre，拉他到附近山坡吃草，實在不便獨自離開，有閒暇的話還要在鎮裡採購物資。我記得小時候看過卡通片，裡面的驢子小馬都愛吃蘿蔔，所以我來到鎮上唯一的菜店裡買了十公斤胡蘿蔔，爲 Pierre 提供更多樣化的飼料。

走出巴倫台鎮後，愈往前走，海拔愈高，身後的戈壁景觀便離我愈遠，換來的是令人

這天的黃昏特別柔美。

啊……Pierre，對不起，我不應該把你的照片放在這匹哈薩克馬的附近。

哈薩克壯馬，真有霸氣！

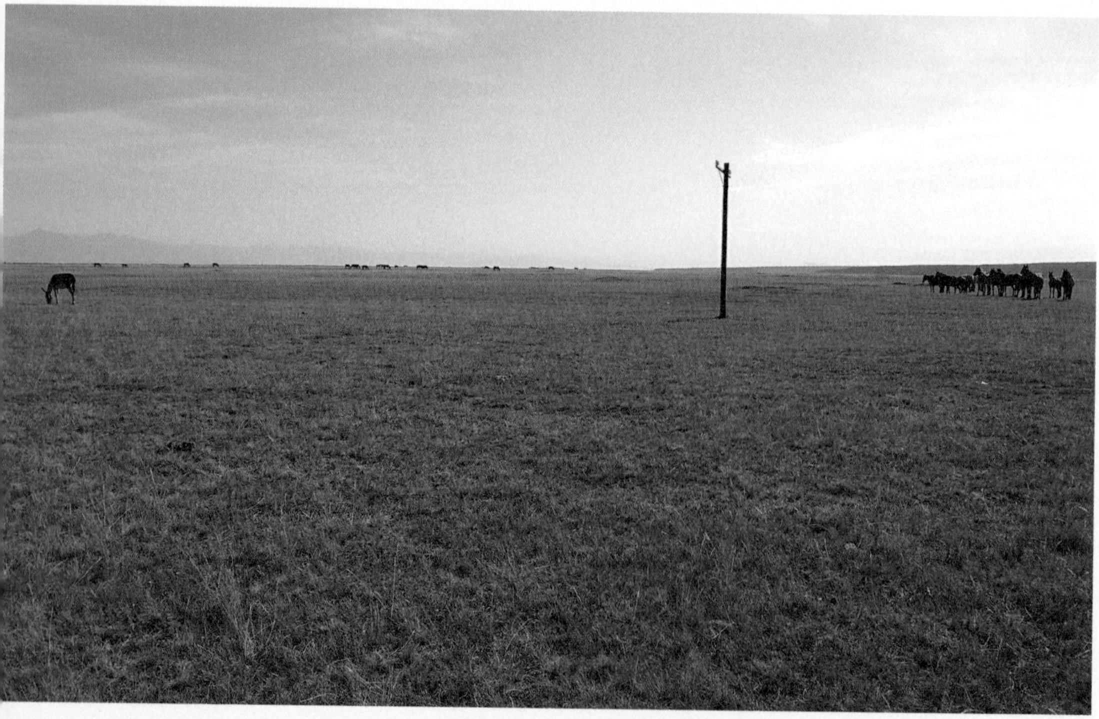

一群駿馬都只敢遠距離觀察 Pierre，Pierre 卻懶理牠們的奇異目光，低頭吃草更實際。

心曠神怡的大草原。但因爲時至初秋，原本蒙古人綠意盎然的草場至今有如麥芒初黃，但依舊可以見到一群群壯馬在草場裡低頭吃草。

比起這裡的哈薩克高頭大馬，Pierre 顯得有些相形見絀。在草原上沒有人會養毛驢，因爲他們並不需要毛驢勞動幹活，這裡只有牛、羊和馬，每次遇到其他牧畜，牠們的雙眼都會緊盯著 Pierre。我在想，可能是因爲這些牧畜一輩子都沒有見過毛驢，以爲 Pierre 是一頭可怕的怪物。

進入山區之後，天氣明顯轉冷，即使在大白天，穿上所有衣物仍然會感覺到一絲寒意。唯一慶幸的是我可以稍爲放心 Pierre 的飲食，因爲對於 Pierre 來說，道路兩旁全都是吃的，而且在草場裡也都很容易找到水源。但我覺得 Pierre 在這一段路會走得特別辛苦，不只是因爲路途崎嶇遙遠，而是誘惑太大，每當風吹草動時，青青長草隨風擺動著柔嫩的身體，婀娜多姿，像在對 Pierre 招手一樣：「快來吃我吧！」幸好 Pierre 仍然很專業，抵抗得住誘惑，繼續默默地拉車往前走。

Pierre! You are my hero!

相信如果 Pierre 能開口說話，一定會大罵髒話。

前往巴音布魯克的路上必須翻過一個達坂（蒙古語裡指高山山口和盤山公路），車道會從這裡開始向上大幅陡升。聽當地人說這個達坂的海拔不算高，大約有三公里左右，不至於高聳入雲，不過毛驢拉車可不像人們開車踏油門，踏一下車子就像風一樣飛去，Pierre 可是一步一步地，單純靠著自己的拉力，利用兩個車輪拉動鐵皮車。很多時候遇到前路的坡度太斜，我都會下車牽著 Pierre 走，減輕 Pierre 的負擔，走完這個上坡路，看到 Pierre 一對似乎懂人性的雙眼，我就不忍心再坐上驢車，整個下午都陪著他步行，直到找到紮營點過夜爲止。我們每天只能步行二十五公里左右，就是說客車花費半小時在路上行駛，已經等於我和 Pierre 一天所能行進的路程。

自從走進山區之後，我本以爲每天的天氣都會突變，已經做好迎接風吹雨打的心理準備，幸好天氣並沒有我想像中的惡劣。雖然有時會吹起刺骨的寒風，但只要雲霧散開，天空放晴的話，還是會看到令人心馳神醉的景色。在爬坡的路段上，不斷有大卡車以低檔行駛，它們的行進速度十分緩慢，在我們身邊開過去時，發動機會發出震耳欲聾的噪音，這時我和 Pierre 會同時側過頭，頭部往大卡車的另一邊轉去，以減輕耳朵所受的壓力。

我們翻過一重又一重小山，每次登上小山頂的時候，我都希望腳下是達坂所在地，盼望著接下來的會是下坡路，可惜換之而來的反而是更陡峭的爬坡路，這正是所謂「希望愈大，失望亦愈大」的寫實反映。但我能感覺到達坂距離我們愈來愈近，我甚至可以嗅出高原陽光的氣味。

果然，沒過多久，天上的雲層壓得很低，而且潔白的雲朵形狀鮮明，天空不再被一大片灰幽幽的雲霧籠罩，太陽又重新照耀著大地。如果你曾經到過西藏高原，那麼你一定會明白我的心情，當你冷得快要蜷縮起來的時候，看到閃耀的陽光穿透雲層迎面而來，讓你能夠沐浴在高原溫暖的陽光之下，是一件多麼幸福的事。在路上寒風凜凜的時候，如果我看到天上的厚雲剛好遮蔽著陽光，我會在心裡一直咒罵那朵厚雲，直到重見天日為止，除了一邊無理的咒罵，一邊矛盾地期盼之外，我顯得無能為力。

Pierre 最終憑著他的耐力和不屈不撓的精神，登上了海拔三千米的察漢努爾達坂，我們都振奮不已！達坂上美麗絕倫的景色讓人頓時豁然開朗，我可以看到遠方矗立著一排被白雪覆蓋的不知名山峰，山脈的形狀和白色的峰巒，加上深棕色的山麓，像是一塊灑上糖霜的布朗尼蛋糕，一樣精緻有味。大部分人都喜愛登高望遠，不管是大卡車、旅遊車，或是摩托車的司機，他們都會選擇在達坂上停車稍作休息。我也把驢車停靠在路邊，讓 Pierre 稍作休息，這時來了一輛旅遊車，來自北京的旅客一直要跟我和 Pierre 合影，他們的司機對我說，如果要到巴音布魯克的話還需要翻過前面的雪山，就是我剛才形容爲布朗尼蛋糕的那一個山脈。相信如果 Pierre 能開口說話，一定會大罵髒話。

XYZ!@# ！不是說翻過察漢努爾達坂就好了嗎？

寄宿蒙古包

Pierre 明顯變得力有不逮，中午休息時間我放他去吃草，他竟然盤坐地上，要我用一根紅蘿蔔引誘他，才願意再起來吃草。

翻過達坂之後，我們只走了大約十公里下坡路，接下來的路段大多都成波浪形，即上一段坡後，又會下一段坡，然後又上一段坡……Pierre 明顯變得力有不逮。中午休息時間我放他去吃草，他竟然盤坐地上，要我用一根紅蘿蔔引誘他，才願意再起來吃草。之前提過，馬或驢坐下休息都代表牠們已經累壞了。坦白說，那時候我真的很焦急，一心想著要早點趕到巴音布魯克大草原待上幾天，讓我們都好好休息。

一路上每隔十多公里都會看到蒙古包★，其實我心裡已經盤算好，我知道住在大草原上的都是心胸廣闊的人，不會介意多收留一個小夥子和一頭小毛驢。在一個卡車司機的引導下，日落前多走了五公里，終於來到一個蒙古人家前，我本來只想借用蒙古人的草場來放養 Pierre，在他們的房子附近紮營，但好客的蒙古大爺不忍心我一個人在野外露宿風餐，邀請我住進他們有火爐的房子裡去。我把驢車停在大爺家的門前，而他則替我牽 Pierre 到草地拴好，讓他可以吃上牧場裡的青草。

我收拾好睡袋和隨身物品之後，一踏入大爺家門口，已經能感受到暖意。爐火將整個房子烘得十分暖和，與外面被大風吹得亂七八糟的世界構成極大反差。大爺家裡的格局簡單，沒有間隔房間，房子的後半部分是一個大通鋪，差不多占房子一半的空間，我和大爺會一起睡在這個通鋪之上。在兩邊牆上各有一個木櫃子，一個用來擺放雜物，而另一個則用來擺放廚具和餐具等物品，中間有一個已經熏黑的銅製火爐，供取暖和煮食之用，煙囪直穿屋頂，主要燃料則來自曬乾的牛糞。

大爺除了讓我烤火取暖外，還爲我準備晚餐，看到大爺切好羊肉入鍋的時候，我幾乎垂涎三尺，分泌出大量唾液準備好接下來的消化工作。我從大爺手中接過一碗熱米飯，已經不知道有多少天沒有吃過一頓有菜有肉的晚餐了。我狼吞虎嚥地吃下兩大碗米飯，盤子上的白菜也讓我一掃而清，那是我認爲前所未有最美味的白菜。

大爺說話不多，我們吃過飯後不久便準備睡覺。我在通鋪上墊上一張毛毯，鑽進睡袋裡，再在上面多蓋一條被子。這個晚上我在火爐烘暖的庇蔭之下睡得特別香甜，不用爲帳

蒙古大爺鄰家的小孩，渾身都散發著純樸的可愛！

篷外讓人心悸的怪聲杯弓蛇影，這是多麼美好的一個晚上！

一覺醒來，昨天的陰雨多雲已變成湛藍的晴天，睡醒之後從小房子走出來便眺望到遠方的雪山。我第一眼看見蒙古大爺家雪白的狗，牠蓬鬆的毛髮讓我誤以爲牠是一隻肥羊，牠看到我這個陌生人，非但沒有亂吠，眼神還流露出一絲善意。有人說住在高山草原上的人心胸特別廣闊，游牧的藏人和蒙古人便是典型代表（城市人真該向他們好好學習），只是我沒想到連大爺家的狗也會顯得如此包容。在這種陽光明媚的天氣下，我決定在這裡多留一天，大爺也希望我們得到充分休息之後再繼續上路。我牽著 Pierre 跨過小溪，爬到一個長滿青草的山坡上。我讓 Pierre 自由地在這片草地上吃草，在附近也有兩匹壯馬正在低頭吃草，但是牠們的四肢均被綁上鐵鏈，我猜想可能是因爲壯馬的主人擔心馬匹會走得太遠，不容易找回來。相比之下，還是 Pierre 自由一些。

日落前我跟蒙古大爺一起去撿牛糞，我在草場附近沒有見到過牛，但沒有牛的話又何來牛糞呢？我一開始也不明白，後來在山坡上看到有兩輛載滿牛糞的卡車行駛過，才知道是有人在這裡供應牛糞。我和大爺每人拿著一個大麻袋走到積存牛糞的集合點，然後把曬

★阿Q旅語

蒙古族是一個游牧民族，逐水草而居，因此慣居於輕便、隨時可拆搭的「蒙古包」。蒙古包由天窗、包頂、側壁、門所組成，包的骨幹以木架製成，包頂是用柳條編成的扇形椽子撐起來，中間有四根橫撐子的圓形天窗，白天透風亮光，夜間用專製的方氈覆蓋，以防風保暖。蒙古包的四周用皮繩串成柳條網製成側壁，包頂和包壁結合處用細毛繩綁緊，再蓋上羊毛氈繫緊。蒙古包一般壁高約一點五米，總高三米，直徑三至四米。包頂的扇形椽子愈長，蒙古包也愈大。

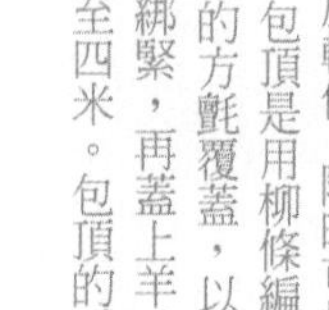

晚上，我和蒙古大爺一起睡通鋪。

蒙古大爺親手替我做一塊大饢餅。

乾的牛糞裝到袋子裡，直到塞滿整個大麻袋。撿完之後，我們用一塊大膠布把牛糞堆重新蓋好，以防乾牛糞變濕，然後每人拿著一大袋牛糞回家。

平時只要稍稍用力就可以把牛糞掐碎，一大塊牛糞也沒多少重量，但我卻萬萬沒想到一袋牛糞竟然會那麼沉重，起碼有三、四十公斤，比我之前背的大包還重得多，非得要托到肩上，才覺得輕鬆一些，即使我們距離房舍只有約一公里的腳程，但都需要在中途休息數次。那時候我的腦海裡只有一個想法：「為什麼我這麼笨，沒有把 Pierre 牽過來幫我們一把？」抱怨也沒用，我們只好硬著頭皮搬牛糞，因為晚上要睡得溫暖安穩就全靠牛糞了。

和蒙古大爺分別之前，他凝視著 Pierre，眉頭深鎖，搖著頭說了一句話：「你的毛驢子太瘦了，牠走不到去巴音布魯克，很有可能會在路上凍死。」話雖如此，但他還是在臨別前送我兩束白菜，又幫我換上了一條較長的韁繩，好讓

Pierre能有更大的走動範圍，吃上更多的嫩草。我沒有因爲大爺的這句話而過於擔心，畢竟我們已經走到這地步，不上不下，總不能現在返回庫爾勒吧，不如在寒冷中挺起來，硬著頭皮走下去。

Pierre，別羨慕人家壯，牠四肢都被繫上鐵鏈！

可知自由是最可貴的！（我只把你拴住，沒有鎖住你啊！）

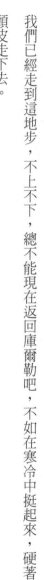

狼來了？

我說過我要好好保護你，Pierre，你記得嗎？

離開蒙古大爺的家之後，雖然 Pierre 得到充分休息，加上吃足一整天牧草，感覺體力已經恢復過來，但他依舊用每小時不到四公里的速度，往號稱「太陽升起的地方」巴音布魯克大草原行進，這個時候我們距離巴音布魯克鎮約一百五十公里，我估計一個星期之內便能到達前方目的地。

最近這幾天的天氣實在怡人，一路上雲淡風輕，我終於可以放鬆一下，不用坐在驢車上對抗迎面而來的強風。在日落黃昏的草原上，我撩動著 Pierre 脖子上的鬃毛，心裡想著昨天蒙古大爺的話：「草原上有很多狼，最喜歡吃毛驢。」他還繪聲繪影地扮起狼張牙舞爪的樣子，剛巧 Pierre 在此時鳴叫了一聲——你是對那蒙古大爺說的話表示贊同嗎？「你看！狼聽見了肯定會來吃你的毛驢子。」大爺又接上一句。

每晚大約凌晨三點左右，我都會不情願地醒來，爲 Pierre 準備一份用胡蘿蔔、苞穀和乾草混合而成的飼料。夜幕低垂，這時頭上總會有幾顆星星點綴夜空，皎潔的月兒發出亮光，無須使用手電筒，我也可以清楚地看到 Pierre 的輪廓，這傢伙似乎吃得很盡興，但我仍然忍不住要問他：「喂！Pierre！你一隻小毛驢獨自站在漆黑之中，不會怕嗎？」他用鼻子輕推我的大腿，還磨蹭了幾下，看他黑得清澈亮發亮的雙眼，好像有話說不出口，到底你在想什麼，我眞的摸不清。有時我覺得 Pierre 的心中所想比少女心事還難猜透。

但從這一天開始，我幾乎沒有一個晚上能睡得好，以前認爲野生動物並不可怕，在黑夜裡，好像人比狼還危險，而且我和 Pierre 沒有走進深山裡去，野狼總不會跑到公路邊找吃的吧？但蒙古大爺的話還是一直在我耳邊打轉。

我帶上了一把小刀，另外在路上找來兩根木棍，每晚在天黑之前，都會將小刀綁在木棍的前端當成矛，還準備好一瓶汽油，隨時可以澆在另一根木棍上，點燃成火把。所有器具都放在帳篷門外，演習過幾次，加快應變的速度，如果眞的有狼來犯，我會衝出去，用我的生命誓死保護 Pierre。我說過我要好好保護你，Pierre，你記得嗎？

但另一個問題是，狼出名狡猾、奸詐，可以毫無聲息地埋伏在帳篷附近，甚至將 Pierre 吃掉，把骨頭啃乾淨，拍拍屁股回到山裡去之後，我依然在睡夢中，直到早上起來，拉開帳篷門看到一堆白骨在草地上，才知道 Pierre 已經成爲狼的腹中美食……我絕不能讓這種事情發生在 Pierre 身上！於是每晚睡覺時，在迷糊之間，只要聽到怪聲，本能反應會驅使我拿起枕邊的手電筒，偷偷觀察 Pierre 的狀況，有時心裡明明知道是杯弓蛇影，也要在黑夜裡，看到 Pierre 發光的、如乒乓球大小的眼珠滾動著，才會眞正安心。

Pierre！眞的不用怕，有我在！

Pierre ！不用怕，有我在！

反覆顛簸

我們在路上遇到包車的遊客，過了兩天又再相遇，我依然在路上顛簸，但她們已經到巴音布魯克玩了一圈，準備回家去。

在翻過察漢努爾達坂的時候，有司機說，前往巴音布魯克還需要翻過一個雪山，我一直爲此而憂心。直到我走到一個名爲反修橋的小地方，有當地人跟我說可以走近道，不需要翻山，繞道穿過鞏乃斯森林保護區，有一條小路可以直達巴音布魯克鎮，這樣走的話大約少走三、四十公里路，但是因爲正在進行築路工程，所以路況極差，但既然不用翻山又可以少走路，哪有不走便道之理？

下午七點多抵達反修橋，這個季節的新疆，大約到九點鐘才開始天黑。本來想在附近找一個地方紮營，但可能因爲有不少築路工程的人員居住在反修橋這個地方，所以這裡附近都很髒，有很多推土機和挖掘機停靠在路邊。我和 Pierre 也不願意在這種環境之下紮營過夜，既然現在距離夜晚還有一段時間，我決定先走進小道裡尋找紮營點。我們左轉拐進一條土路，而在凹凸不平的土路旁邊則有一條正在鋪設的新路。換言之，這條土路其實只

因為這裡正在修築公路，所有車只好走便道（圖中最下方那條），路上不時會有特大的水窪。

是便道而已，等築路工程完成之後，來往巴音布魯克的車輛就可以安然地走在柏油路上。

在便道的左邊是一片遼闊的大草原，對於我和 Pierre 來說是一個非常理想的營地，只不過一路上也被木欄和鐵絲網圍起來，找不到一個缺口進入草原。然而，落日餘暉逐漸退去，天色昏沉，偶爾會有幾輛載滿羊的中型卡車駛過，有些司機已經開著車前燈照明。我開始擔心起來，為了安全起見，我從來不會在夜間趕路，只是沒想到這裡的圍欄竟然可以延綿數公里，連一個缺口都沒有。或許 Pierre 也替我們的情況著急，自己加快步速，我也在天黑之前拿出手電筒，檢查清楚電量是否足夠，隨時準備好在黑夜裡行進。

我們拐過幾個彎道之後，眼前突然出現了

天色漸暗，我的心也跟著沉下去。

一個大水溝，這一下讓我徹底心灰。因為在出發之前，我把 Pierre 寄養在李大哥的家裡，剛巧他家裡流出一條大約寬十五釐米的小溪。我第一次牽著 Pierre 過水時，他突然停步不前，我使勁拉，加上李大哥在他身後驅趕，他竟然一躍而過，差一點把我撞倒，怎樣都不願意腳下沾水。後來我才知道有一些毛驢不願過水，但這一次我別無他選，我們必須要走過大水溝，才能繼續前進。那時候我已經做好心理準備要下車牽著 Pierre 涉水而行，但沒想到 Pierre 居然會這麼懂事，帶著一股蠻勁踏過水溝，光是 Pierre 這個舉動，已經值得我為他在今天的晚餐裡多放三根胡蘿蔔。

天上的最後一道落日光芒已經消失，夜幕上垂掛起一輪孤影明月，月色如水，更顯大地荒涼淒美。我這次也是名副其實的披星戴月，幸好我在驢車後貼上了汽車用的反光標籤，讓從後而來的車輛可以察覺到我們的存在，而且在如此不堪的爛路上司機也不會開得太快。雖然如此，我也會不時把手電筒調到閃動模式，反正一切舉動都是爲了保障自身安全，我不想在這個地方發生任何意外。如是者我們繼續在黑夜裡前行，又走過兩個水溝，我在路上一直尋找能拐進草原的小路，直到十點半左右，才誤打誤撞地離開便道，站在大草原之上，這一刻終於可以讓我放鬆緊張的神經。

第二天早上，我在意識朦朧之間，聽到有腳步聲在帳篷之外徘徊。我探出頭來看，原來是一個好奇的蒙古人，在想爲什麼會有一個奇怪的人睡在這裡。他是這裡的牧民，房子就在附近，我站在原地就可以清楚地看到他那刷上黃色油漆的石屋。他邀請我到屋子裡吃一頓早餐，沒想到他們的生活環境也不錯，在家裡還可以看到數位電視，那時候他們正在看內地某電視台的連續劇。

在吃饢餅當早餐的時候，我請教蒙古大哥：「在冬天的時候，這裡的草應該都枯死了吧，你家裡養了那麼多牛和羊，還有幾匹高頭大馬，牠們沒吃的怎麼辦？」他回答說：「再過一段時間，大約兩個月左右，我們一家人，連同所有牛、羊、馬一起搬走。」「你們會搬到哪裡去？」我接著問，他輕描淡寫地說：「跟你說了你也不會知道是什麼地方。」我知道他只是實話實說而已，有時候問題太多也算是對別人的不禮貌。跟蒙古大哥道別過後，

日出而作，日入而息。

我們便繼續趕路。

回到便道上，我才知道昨晚我們走在一條怎樣的路上。這條路可不是一般的爛，高低起伏，迂迴曲折，路面上到處都是坑洞，修路工程又揚起大量塵埃，如果要 Pierre 在這段路上載著我走的話，實在是太吃力，加上氣溫寒冷，我跟 Pierre 一起走動反而會讓我覺得更舒坦一些。

其後我們在路上遇到包車的遊客，她們好奇地把我攔下來，我們聊了一陣子，她們又拍了一些照片，就揚長而去了。過了兩天，我們又再相遇，我依然在路上顛簸，但她們已經到巴音布魯克玩了一圈，現在又開車返回烏魯木齊，準備回家去。她們很細心，知道我們會再在路上遇見，特別爲我這個只有一面之緣的路人準備一個西瓜和饢餅，讓我非常感動。晚上吃著路上有緣人贈送的饢餅和自己煮的白菜，而 Pierre 亦滿足地吃著青草，這也許是在路上最簡單不過的幸福。

人驢兩團圓

你說他會感激我帶他到大草原，還是恨我勞役他呢？

幾經辛苦跋山涉水，不知度過了多少個寒霜夜晚，終於到達巴音布魯克鎮，這條爛路全長大約七十公里，即使開車也要走五個多小時，趕驢車的話則要花上三天才能到達目的地。跟巴倫台鎮一樣，這裡是由路兩旁的旅館和餐廳所組成的，我牽著 Pierre 走到一家旅館前，老闆娘見我是駕驢車旅行住店，感覺很新鮮，她說她見盡以不同方式旅行的人，有自駕的、騎自行車的，甚至徒步的都有，就是沒見過趕驢車的。她很熱情地款待我，還給我打折，又讓我用她家的洗衣機，我的衣服都髒兮兮的，不知道沾上了多少塵土。

巴音布魯克★的蒙古語意爲「富饒的泉水」，它擁有全新疆最豐盛的水草資源，也是中國境內第二大高山牧場。這兒風光旖旎，青蔥的草原被皚白的雪山環抱著，眞有點像走進了仙境。

我在鎮裡閒著，每天早上都會牽 Pierre 到河邊吃草，雖然我打算在這裡休息三天，但我實在對天鵝湖不感興趣，也不想去看九曲十八彎，只想像牧羊人一樣，坐在草坪上看著

巴音布魯克，像不像仙境？

這兩個小孩很喜歡跟 Pierre 玩，還騎在 Pierre 的背上作策騎狀，我擔心 Pierre 會發難，把小孩摔在地上，但他還是神色自若地吃草。

明年中秋，我和 Pierre 還能看到這樣的圓月嗎？

當地人叫這裡的草做「酥油草」，他們說如果把 Pierre 放養在這片草地上，一個月之後，他肯定會長得肥肥白白。

Pierre 悠悠地吃草。有時我會想，如果 Pierre 眞的是土生土長的庫爾勒毛驢，也許應該沒吃過草原上的青草，我第一次見他的時候是在空地上吃些亂七八糟的東西，你說他會感激我帶他到大草原，還是恨我勞役他呢？我們要在鎭上過中秋節，我不奢望每年都人驢兩團圓，只祈願明年的這個時間，同分同秒，我和 Pierre 可以繼續看到此刻頭頂上明亮的月光。

在鎭上的時候還發生了一段插曲，我聽當地人說餵飼甜菜渣可以讓動物長胖，一直以來都希望 Pierre 能再長多一點肥肉，終於我幾經辛苦找到一家賣甜菜渣的小店，但那家破店竟然賣發霉的乾渣，吃得他一直反胃嘔吐。我馬上帶他去獸醫站，連獸醫都看不出來菜渣已經發霉。他替 Pierre 打吊瓶，點滴的主要成分是葡萄糖水，看著長長的針頭刺進 Pierre 的脖子裡，血都濺到了獸醫的手上，我有點不忍卒睹。幸好 Pierre 第二天就痊癒了，沒有繼續嘔吐，但這一次經歷幾乎把我嚇壞了。

★阿Q旅語

土爾扈特是蒙古族其中一個部落。明朝末年，土爾扈特人因爲受到勢力強大的準噶爾部排擠，西遷到當時沙俄占領的伏加爾河流域放牧而居，建立起土爾扈特汗國，流落異地長達一百多年。直到十八世紀，因爲日漸強大的沙俄帝國南下擴張勢力，土爾扈特人開始受到壓迫，族人被奴役，游牧地不斷縮小，又被迫由信仰藏傳佛教改信東正教。更過分的是，因爲沙皇好戰，長期征用數以萬計的年輕族人到黑海戰場打仗，每次均傷亡慘重，直接危害到土爾扈特部的傳承，所以在一七七〇年，清朝乾隆在位期間，年輕的土爾扈特汗王渥巴錫密謀脫離沙俄統治，重返位於新疆塔爾巴哈台的故土。翌年，渥巴錫率領族人走上東歸之路，踏上一萬多里的征途，他們甚至破釜沉舟，燒毀宮殿和村落，以表此行的決心。用他們的話說：「到東方去、到太陽升起的地方去尋找新的生活。」

但是，沙俄政權豈容他們輕易逃走，馬上派出哥薩克騎兵追趕東去的土爾扈特人，在渥巴錫領兵浴血奮戰之下，終於殲滅哥薩克軍隊，得以繼續前行。但在其後的路上，土爾扈特人還是不斷地遭受到俄軍和哈薩克人的來襲，傷員無數。一路上除了殘酷的戰鬥，土爾扈特人還要面對嚴寒和瘟疫的煎熬。他們的隊伍首先穿過了伏爾加河和烏拉爾河之間的草原，又度過捷爾薩康河和莫尼泰河，繞過巴爾喀什湖北岸（哈薩克斯坦境內東部的長形湖泊），終於在半年之後抵達俄國的邊界，趕到清政府管轄的領土，並且得到伊犁將軍的迎接。

據清廷文獻記載，有十七萬土爾扈特人出走，但「其至伊犁者，僅以半計。」後來乾隆皇帝爲了令土爾扈特人能夠安居樂業，賜給他們水草豐美的牧場，其中包括這片仙境土地——巴音布魯克。

牧驢記趣

Pierre 一般會在晚上八點多開始吃晚餐，但驢子消化能力強，特別在重役過後，毛驢一天要吃四頓，所以 Pierre 很快便會覺得肚子餓，晚上或凌晨時間會用屁股對著我的帳篷，有時甚至會用一隻蹄踩著帳篷的邊緣，但從來不會多踩進來，這可能是一種無聲的抗議吧。當我了解他的需要之後，我每天凌晨四點鐘都會忍受寒冷爬出睡袋，到驢車上拿出乾草、苞穀和胡蘿蔔，混成飼料放到筒子裡讓他吃，滿足過他之後，我反而會被風吹得清醒，再鑽入睡袋裡也睡不著覺。

白天 Pierre 為我服務，晚上反過來是我為他服務，有時我真想 Pierre 能開口說話，讓我們好好坐下來，你叼著一根胡蘿蔔，我咬著一塊大饢餅，交流一下我們一起旅行的感受吧。

這些是我在旅途上日常會吃的食物，為了方便，在白天我只會吃饢餅、鐵蛋和香腸當早午餐。到了晚上，我便會點起汽油爐子，煮出一鍋拌有白菜和雞腿的即食麵，如果還覺得不夠飽的話，我會把饢餅泡進麵湯裡再吃。雖然食材沒有變化，配搭單調，但仍別有一番獨特滋味。

你想要怎樣的人生？

不少人問過，我自己也想過，如此領著 Pierre 上雪山、度荒漠，到底是勞役他，還是帶他走出垃圾堆以外的世界？當然，Pierre 的想法無人能了解，但套在自己身上，你又會如何選擇？

我絕對寧願吃點苦，都要往外走走、看看，也不要安逸的困在一個地方，即使那兒不是垃圾堆……

4 震怒的鐵力買提達坂

困難是用來激勵人心，而不是使人氣餒。人的心靈將因挫折而茁壯成長。
——威廉．錢寧（William Channing）

暴風雨前夕

按照卡通片中的做法，在鋼條的前端綁上胡蘿蔔來引誘 Pierre，但可惜 Pierre 不僅沒有跑起來，而且還停下來，目瞪口呆地看著眼前搖搖晃晃的胡蘿蔔。

在巴音布魯克休息了四天，又要繼續上路出發去古龜茲國——庫車。遙望遠方，早兩天清晰可見的天山山脈南麓的稜線已經被雲霧遮掩，雖然這幾天的天色明顯地較平日陰暗，但我所看到的都是一片欣欣向榮的景象，公路旁一群接一群的馬和羊，背靠著一座座雄赳赳的皚皚雪山，牠們都在呆頭呆腦地吃草，我偶爾還會聽到從山間流下來的淙淙雪水聲，在這樣的環境之下，我的身心都非常放鬆。

我們沿路前行，經過巴音郭楞鄉，我在重返天山山脈之前，在鄉路口的小賣店裡，買來了一些補給物，除了食物和飲料之外，還包括兩瓶用汽水塑膠瓶裝著的汽油，他們主要賣給摩托車司機，而我則用於汽油爐上，因為備用的汽油已經所剩無幾，在路上紮營煮食就全靠它了。據小賣店的店主說，再往前走數公里就會見到一條大河。我已經有好幾天沒有洗頭髮，頭皮有點癢，我想在河邊找個有草地的地方，讓 Pierre 在下午休息時間吃上青

在公路旁邊吃草的壯馬，只要看到 Pierre 都會落荒而逃。

英姿凜凜的壯馬，也有表現得很蠢的時候。

草之餘，我也可以偷閒清潔一下自己的儀容。

我們前行約十公里之後，來到一個名叫「干吉爾」的地方，也就是之前小賣店店主口中，大河流經之處。這裡只有兩家似乎已經廢置的小餐館，還有另一家仍在營業的小賣店，在店門前停泊了兩輛吉普車。石橋旁邊有一片草地，我先讓 Pierre 在這裡休息，之後提著洗髮乳和毛巾，找到小路靠近河岸。從地圖上看，這條河被標名爲「蘇力熱溝」，應該是

在照片的右上方，可以看到那已經廢置的小餐館。

源自天山山脈的開都河上游其中的一條支流，雖然蘇力熱溝只是一條分流，而且現在這個時候開始進入枯水期，河面縮小，但我猜想，如果在夏季的時候來看此河的話，牠的氣勢一定會比現在澎湃得多。我坐在河邊的一塊大石之上，彎下腰從水流依然湍急的河裡掬來一杯河水，我用指頭試探水溫之後，猶豫了一下，但當我頭皮發癢的時候，決心又湧上來了，我把冰冷的河水倒在頭上，冷得整塊頭皮都在發麻。這個時候，我就能設身處地感受到自然山水的威力。

休息過後，我和 Pierre 又再回到進山的路上，大概是太無聊了，我又想起小時候看卡通片的一些內容。記得有些騎驢的主角會拿起一枝綁上胡蘿蔔的木棍，吊在毛驢的嘴前，又不讓毛驢吃到，這樣會激發起毛驢的動力往前跑，所以我從包裡抽出一根本來是用於支撐帳篷的鋼條，按照卡通片中的做法，在鋼條的前端綁上胡蘿蔔來引誘 Pierre，但可惜 Pierre 不僅沒有跑起來，而且還停下來，目瞪口呆地看著眼

水流湍急的蘇力熱溝——將要被我頭髮上的灰塵與汗水汙染！

前搖搖晃晃的胡蘿蔔。

我不甘心這個遊戲就此結束，便下車用手拿著一根胡蘿蔔走在前面引誘 Pierre，但還是不讓他吃到，而且我愈走愈快，甚至開始跑起來，結果 Pierre 也跟著我跑。那時候剛下了小雨，路濕地滑，Pierre 險些滑到，我看到他像卡通片所畫的那樣，把兩條後腿彎下來煞車，心不禁涼了半截。以後我再也不敢這樣逗弄 Pierre，那時候我根本沒有意識到還有危險在前方等著我，我以爲已經捱過最辛苦的爬坡路，殊不知更艱苦的路還在後面。

另外，值得一提的是，Pierre 比以前乖得多，從前要把驢車套在他身上是一件苦事，Pierre 總是不會好好地站在那裡讓我套車，往往要花上大半小時才完成。但現在他很聽話，戴上籠頭之後，就知道要拉車了，會定下來，拍拍他的屁股就會站對位置讓我把驢車套在他身上，完成整個過程前後也用不上十分鐘。

這天的日落美麗如常。

刮起暴風雪

「鐵力買提」意謂不可逾越，它才沒這樣容易放過想要翻越的人。

我們深入天山山區，感覺到天氣愈來愈不對勁，太陽已經藏在雲彩後面兩天，天色一日比一日灰暗，雲層厚得像棉被一樣，重得快要垮下來。我們走著走著，綿綿細雨就開始打在我臉上，迎面而來的司機看到我趕驢車出行，也不忘搖下車窗，告訴我前方的天氣資訊，他提醒我：「現在山頂已經開始下大雪，積雪愈來愈厚，你一定要趁天氣進一步惡化前翻過最高點，下山到天氣較穩定的地方去。」我連番感謝他爲我帶來這重要的資訊，並追問道：「現在還要走多遠才能到達最高點呢？」他回答說：「只要再多走十幾公里就可以到達山口了，你趕快走吧！不然走到半途便下大雪，就會很麻煩。」

司機先生說得沒錯，我也覺得我和Pierre都可以撐下去，於是就硬著頭皮繼續走。

接下來的雨勢愈來愈大，我穿起及膝的防水雨衣，膝蓋以下都

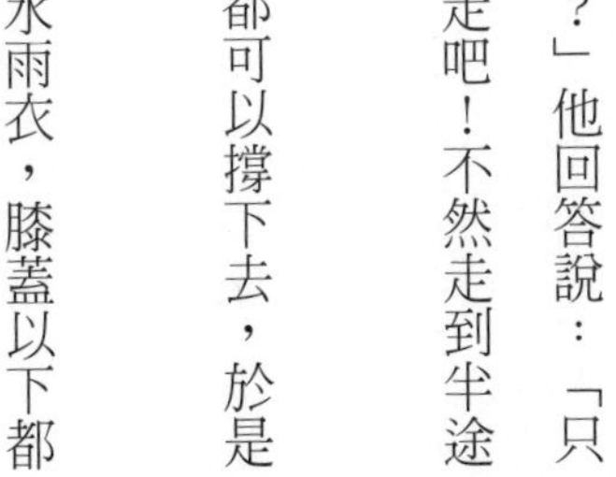

天氣寒冷，只好穿上所有禦寒衣服，再裹上披肩。

來到呼屯郭楞隧道口之前，還只是下著雨，但我萬萬沒想到在短短的隧道的另一邊，已經在下雪……

為免四肢被凍僵，我大部分時間也會下車牽著 Pierre 一起走路，當是暖身運動。

被雨水打濕，而 Pierre 更是全身都濕透了，但他還是一如既往地低著頭在前行。我擔心 Pierre 會因爲地濕而滑倒，所以我也下車拉著他一起走。我們走過一條隧道，沒多長距離，大約只有兩百米左右，但明明進隧道之前，從天而降的是雨水，走出隧道之後我所看到的已經是漫天雪花。我並沒有因爲看到雪景而有一絲興奮，因爲我並非身處日本、韓國或歐洲的旅遊景點，更美的雪景帶給我們的就只有危險。毛驢最怕冷，如果晚上沒有走出大雪覆蓋的範圍，Pierre 很可能撐不過一個晚上，即使活下來，長時間在雪地上也可能會凍傷驢蹄。

前面不遠處就是海拔接近四千米的鐵力買提達坂，也是離開天山山脈的最後一個山口。當走到隧道口前，我身後的驢車已經積滿一層白雪，也意味著 Pierre 拉的車慢慢在加重，本來因爲有工人在隧道裡進行施工，所以正在實施分段通車，而工程人員在隧道口設下路障，所有車輛都要等到下個通行時間到來才可以放行，但工程人員得知我們的處境後，特意破例讓我們先行過隧道下山。我記得那條長達近兩公里，漆黑而陰冷的隧道，裡頭只有維修工人用的小燈泡在隱約地發

鐵力買提隧道的入口，揭開了人驢天山歷險記的序幕。

放眼遠望，是一片白雪茫茫的世界。

光發熱。工人在幹活時，鐵錘所發出叮叮噹噹的敲打聲，和Pierre規律有序的鐵蹄聲，一切事物都在隧道遊蕩迴響，好像無處可逃，走不出去一樣。

昏暗和狹長的隧道長得好像走不完似的，一直看不到透光的出口，在又濕又冷的隧道裡，空氣彷彿凝固起來，加上我被雪水沾濕，每走一步身體都會抖不知道多少次，相信Pierre的狀況也好不到哪裡去。記得看到前方出口時，那光芒把心裡面的絕望一下子掃清，我一定會記得這次黑暗帶給我前所未有的恐懼。出隧道之後，只見雪勢愈來愈大，夾著強風，已經看不清前路。見識到暴風雪的厲害，有些修路工人認爲如果我們現在繼續上路的話，連前路都看不清楚，實在太危險，硬要我到他們的帳篷裡烤火取暖。我只好拴好Pierre，在火爐旁瑟縮起來。

「鐵力買提」意謂不可逾越，它才沒這樣容易放過想要翻越的人。

被困雪山

「人都快不行了！你還去管你的毛驢？」我笑而不答，因爲我知道，他根本沒法理解我和Pierre之間的感情，對於他來說，Pierre只是一頭毛驢而已。

我在火爐旁邊烤乾身體的時候，旁邊的工人跟我說了一個讓我捶胸頓足的消息，他們說：「剛剛我們的老闆開著沒有載貨的空卡車經過這裡，老闆人很好，一定會願意帶你和毛驢下山，但是你來晚了一步，他剛剛開車下山了！」

我根本無法安穩地坐在火爐旁，因爲此刻我的同伴正在風雪中飽受摧殘。我穿上工人借給我的大衣，跑出工人帳篷，看看我可以爲Pierre做點什麼。我唯一可以做的是把驢車裡Pierre能吃的東西翻出來，讓他吃飽一點，多儲存能量抵抗寒流，但飼料也沒剩很多，只有少量乾草而已，苞穀和胡蘿蔔都已經吃得乾乾淨淨了。一個修路工人看到我還在大雪中轉來轉去，三番四次要我回到帳篷裡，但我還是堅持留守在Pierre身邊，起碼可以替他掃除背上的積雪。我記得那個工人說了一句：「人都快不行了！你還去管你的毛驢？」我笑而不答，因爲我知道，他根本沒法理解我和Pierre之間的感情，對於他來說，Pierre只是

照片的左方是工人特意為 Pierre 搭建的臨時篷子，已經被大雪壓壞，而驢車也幾乎埋在白雪之下。

一頭毛驢而已，我多做解釋也是無濟於事。

有一些修路工人說要爲 Pierre 搭一個臨時篷子，其實這只是幾根鐵管搭起的一個架子，綁上塑膠布而成，而且大雪愈落愈大，過不了兩個小時，積雪已經把塑膠布壓垮，再打在 Pierre 的身上，弄得 Pierre 一身積雪。看來這個臨時篷子也起不了什麼作用，儘管這是工人們的一番心意，但在殘酷的自然條件之下，自然力量根本不會施捨你一絲憐憫，如果 Pierre 今晚在外面過夜的話，就算不被冷死，四條腿也會因爲埋在雪裡而被凍壞，變成一頭失去活動能力的毛驢，這個結局就跟取他的性命無異。

Pierre 如果在這個天氣之下沾濕身體，他的體溫一定會下降得很快，於是我在驢車上找來了一塊舊布，用來刷乾 Pierre 的身體。當時我的腦子裡一片空白，看著鵝毛大雪處處紛飛，四周都成了白色世界，這是一個陰鬱的情境，我絲毫都不覺得像童話故事中的夢幻。

這時候小陳來找我，他是其中一位接濟我們的工人，也許還是這裡的工頭。他說有一個工人帳篷裡只有兩個人住，跟他們解釋一下的話，也許他們會願意跟別的工人擠在一起睡，空出一個帳篷安置我和 Pierre，免得 Pierre 在外面凍死。幸好那兩位工人也願意讓出帳篷，我迫不及待地把 Pierre 牽到帳篷裡去。雖然環境惡劣，缺糧缺草，而且遍地垃圾，但起碼我們都能安心地過一個晚上，解決我們的燃眉之急。沒過多久，有幾個工人走進來，跟我說他們的帳篷已經被積雪壓壞，別無他法，只好跟我們睡在一起，他們也沒有介意要跟一頭龐然大物一同過夜。

很快便到了晚飯時間，我跑到帳篷外，看到整台驢車幾乎已經埋在白雪下面。我從被積雪覆蓋的驢車上找出汽油爐和一些食物，打算回到帳篷用自己的爐子煮食，但這個時候小陳端來了一碗熱呼呼的湯麵和兩個碩大的花捲給我當晚餐。我實在不好意思吃他們的食物，因爲我覺得自己是一個不速之客，現在已經占用了工人的地方，挪用他們的資源，而且現在大雪連場，沒有人知道什麼時候才會停下來。這個地方現在因爲暴風雪而與世隔絕，停在隧道口的車輛也沒法下山，被困在鐵力買提達坂隧道。我認爲現在工人剩下的資源最

穿起「衣服」的 Pierre 只好待在帳篷裡，跟我們一起度過寒冷的夜晚。

好還是留給他們自己，況且我的食物也足夠我吃兩三天，我只擔心 Pierre 會餓壞而已。

我拒絕了小陳的心意，但他還是把他手上的食物硬塞給我，還說：「能在這裡的都是自己人，不分你我，吃吧！」這樣盛情難卻，我只好全盤接收。我在滿足地吃著麵條的時候，也沒有忘記 Pierre，我不想讓帳篷裡的其他工人看到我把花捲餵給 Pierre，在這個嚴峻的時刻，別人可不會理解我對 Pierre 的感情，我只好偷偷地把一個花捲藏在鍋子裡面，等到沒人察覺到的時候，餵給 Pierre 吃。

工人帳篷裡已經住了八個人，還加上一頭毛驢。我將 Pierre 拴在鐵架上，祈求他要乖乖聽話，別要在狹小的帳篷裡亂動。當然，Pierre 占得的空間也非常少，不容他轉身。長夜漫漫，雖然外面還一直在下雪，但至少對 Pierre 來說最危險的時期都已經度過，現在只等天氣好轉之後，我們就立即下山。

我在睡覺之前提醒其他工人，打趣地指著Pierre說：「他經常放屁的，而且非常臭！大家要忍耐一下啊。」其後有位工人也很幽默地說：「我們也有毛驢保佑。」這句話引得哄堂大笑，因爲我們大家都知道他的潛台詞是說：「我們都躺在床板上睡覺，而毛驢站起來就成爲了最高點，帳篷垮下來的話也會首先壓到毛驢，所以在帳篷裡有一隻毛驢的話，反而睡著的人會平安無事。」還有人說這樣的大雪天氣還要維持三、四天，加上這裡沒有網路信號，如果道路不通，糧食短缺，連被困在這裡的人都會有危險。這番話一度令我心悸，還讓我胡思亂想地想到在糧食短缺時，有餓得發慌的人會提出建議宰殺分食Pierre★。

★阿Q旅語

跟我同住的工人大多是四川人，千里迢迢來到新疆修路，起初我還以爲他們的待遇會很差，但據他們說，原來工人的工資也有八千塊錢左右，而且包吃住，這個工資水平確實不錯。不過我後來細想，工人每年起碼要在山上持續工作四個月，而且他們還告訴我，在這樣寒冷的天氣之下，走進陰冷的隧道裡工作，很容易得風濕關節痛，環境這麼惡劣、勞動如此辛勤，如果老闆還吝嗇工資的話，怎會有人願意來工作呢？

脫險

經過一晚上的大雪，帳篷之間的狹縫已經堆滿積雪，即使動手鏟雪，也沒有空間可以堆放。

我們都在嚴寒的一夜裡撐過來。昨晚我和工人們齊心協力，幾次起床半睡半醒地去拍打帳篷頂上的積雪，以免積雪愈來愈厚，將帳篷壓垮。而 Pierre 也沒有在這個非常時期內鬧情緒，只是偶然會啃食我腳下的床板和紙皮。但這也不能怪責 Pierre，畢竟他眞的太餓。

起床之後，吃過工人送來的熱湯麵條，這好比雪中送炭，令我倍感溫暖。相比之下，Pierre 要繼續餓肚子。雖然我爲 Pierre 偷偷地藏起了一個饅頭和花捲，但因爲他吃饅頭之類的食物時，嚼食得特別慢，磨磨蹭蹭的，我還是害怕有人會看到毛驢吃工人吃的食物，所以我只敢每次掰出一小塊饅頭餵他。

儘管 Pierre 沒吃多少東西，但還是在帳篷裡拉出幾坨驢糞。地上的驢糞冒出一縷白煙，提醒我要肩負起作爲 Pierre 主人的責任。我走出帳篷，到隧道裡去撿了幾塊塑膠布，接著回到帳篷用塑膠布包好 Pierre 的糞便。雖然隔著一層塑膠布，但我的手心還是可以感覺到驢糞暖烘烘的溫存。

經過兩天持續降雪之後，終於停雪了，看積雪有多厚！

大雪持續下，工人們必須定時掃除帳篷上的積雪，稍為懶散帳篷會被積雪壓垮，在帳篷裡的工人也會遭到滅頂之災。

經過一晚上的大雪，帳篷之間的狹縫已經堆滿積雪，即使動手鏟雪，也沒有空間可以堆放。如果天氣持續惡化，依我看來大雪絕對可以把這裡的工人帳篷統統活埋。

從鐵力買提隧道出發，只要走二十多公里的盤山下坡路，便可以到達大龍池，所以我在心裡做了一個最壞的打算——棄車保帥，即放棄驢車，只收拾好必要的隨身行李，讓我牽著Pierre下山，步行到大龍池，順利的話，徒步五、六個小時左右一定能到達，那裡海拔較低，不會下大雪，也可以補給食物，比這裡安全得多。

這時，公路上隱約傳來了大型機械運作的聲音，原來是一台推土機在公路上鏟雪。武警的效率很高，大雪的第二天就派人來解封山路，而我也一直在等機會，只要天氣好轉，道路開通，我便會離開這裡。然而，沒過多久，一個工人主管來找我，他說：「過一陣子會有十多個工人從巴音布魯克調過來，你的毛驢不可以繼續留在帳篷裡面，需要騰出空間分配給其他工人。」

我明白帳篷是爲人而準備，總不能讓其他工人露宿雪地上，但我仍

我們只好倉皇上路，有幸天公造福，終於雲開見晴。

從山頂往下望，推土機鏟雪的痕跡清晰可見。

然有點失望，因爲工人是由主管安排接送過來的，他應該早些跟我說這件事，讓我有足夠時間準備下山。得知這個消息的時候已經快到下午六點鐘，我本來計劃明天一早便出發離開，但現在算盤卻被打亂了。我不想浪費時間跟工人主管爭辯爲何這麼遲才跟我說這件事，還是趕緊收拾凌亂的行李，準備離開。

我別無選擇，注定今晚要摸黑上路，只好一鼓作氣下山。幸好現在雪勢已經減弱，有時甚至可以從雲層的隙縫中窺見到藍色的天空。最後我借來鐵鏟，清理好驢車上的積雪，回到帳篷打包行李，然後請幾位工人幫我一起把驢車從雪地推到馬路上去。跟他們道別之後，我和 Pierre 便繼續上路，往大龍池前進。

眞要由衷感謝在鐵力買提的那些工人，沒有他們幫助的話，我和 Pierre 可能會陷入更大的危險。經歷過這一次突如其來的暴風雪之後，在接下來的旅程中，面對逆境的時候，只要回想起鐵力買提達坂上的暴雪，我們就更能發揮出果敢的勇氣。

走在漆黑的路上

回頭遙看身後的一片天空，皎皎明月剛巧垂掛在雲崖之間，流出皦皦素光，而我剛好從月色那邊的方向下山而來，此刻也誤以爲自己是從天而降。

鐵力買提下山的路蜿蜒盤山約十公里，海拔垂直下降超過六百米，我們六點多出發去大龍池，還沒走完一半下山的路，夜幕已經低垂，幾乎伸手不見五指，只能靠著手電筒僅存的電力和銀亮的月光照明前行。離開之前，工人們說見過山裡有狼和熊出沒，要我注意安全，所以我每次走到山崖邊，聽到詭異聲音的時候都大爲緊張，其實那根本可能只是風聲而已。奇怪的是 Pierre 拉著車愈走愈快，我有時候也要跑起來才可以追到他，沒想到 Pierre 在山上沒吃飽，仍有氣力走得那麼快。

走過數不清多少段「之」字形的下山路後，地勢開始變得平緩，我們走過一段正在施工的土路，但在黑夜之中再找不到繼續前進的路，只見前方有一個特大的水溝，這裡也沒有路牌指示正確方向。我以爲只要走過水溝便可以回到公路上去，便牽著 Pierre 小心翼翼地涉水而行，天知道在水溝的盡頭有一堆土牆擋路，我們只好轉身退去，但因爲在水溝下

太陽的光芒一洗鐵力買提達坂的冷酷，日落照得山白雪泛黃，這時的雪山顯得格外祥和。

全是亂石，可知道 Pierre 拉著驢車，在這個情況之下要他一百八十度轉身，難度甚高。我們花了很多工夫才可以退回路上，就這樣被困大約一個小時。

在之前的路上，偶爾會有三兩輛車跟我往同一方向前進，既然他們可以找到路過去，那就一定沒有堵路，我大可以跟著它們走。凌晨時分，沒幾輛車子經過，我們只能站在原地乾等，氣溫下降得很快，雖然比不上鐵力買提的風雪，但因爲我沒有保持運動，所以在寒風之下更覺陰冷。回頭遙看身後的一片天空，那時候，皎皎明月剛巧垂掛在雲崖之間，流出皦皦素光，而我剛好從月色那邊的方向下山而來，此刻也誤以爲自己是從天而降。大約二十分鐘之後，終於等到有其他車走過，我才可以跟著車尾燈閃爍的紅光，找到繼續前行的路。

走到凌晨一點多，終於到達今天的目的地。在抵達目的地前五百米的路上，有武警設下的路障，沒想到連站崗的武警都聽說過有人在這一帶地方趕驢車旅行。越過路障之後，我看到遠處還有燈火，那裡是一家維吾爾族人的小賣店，剛好也經營旅店生意，搭起幾個蒙古包讓路過的旅客過夜留宿。

我本來幻想在這裡會有招待所，可以一洗身上的霉氣，但最終只能住在維吾爾族人搭起的蒙古包裡，但總算聊勝於無。我向老闆借來一壺熱水，吃過即食麵就昏睡過去，而老闆幫我把 Pierre 牽到空置的獸棚裡，還找來幾束草料，讓 Pierre 溫飽地過一夜。

是承諾，也是責任

面對無情的風雪，我怕，怕活不下來，也怕 Pierre 活不下來。

我的生命是生命，Pierre 的生命也是生命，而且，是一條被帶上來雪山的生命。Pierre 一步一步地走著，路愈來愈難走，空氣愈來愈稀薄，他還是默默地走著。

是因著對我的信任。

是我把 Pierre 帶到雪山來，把他安全帶回來是承諾，也是責任。

5 從大龍池到龜茲國

當人被機器賦予了速度的快感之後，一切便改變了：自此之後，他的身體處在遊戲之外，他投身於一種無關肉體的、非物質的速度之中，純粹的速度、速度本身及令人興奮的速度感之中。

——米蘭・昆德拉（Milan Kundera）

Pierre 死了……？

在鐵力買提達坂上的時候都能熬過去，又怎會在獸棚裡暴斃呢？

「嘭嘭——」有人正猛力地敲擊蒙古包的鐵門，此時我還在暖和的被窩裡蜷縮著，心想誰會這樣無禮地擾我清夢。還來不及問他這樣激動到底所爲何事，站在鐵門外的人便突然用不太標準的漢語大聲說：「你的毛驢子死了！」我瞬間從睡眼惺忪的狀態驚醒過來，這究竟是怎樣的一回事？我和 Pierre 昨晚趕路下山之後，他並沒有表現不妥，在鐵力買提達坂上的時候都能熬過去，Pierre 雖然瘦削，但身體一直健康，可以正常飲食，大小便也正常，又怎會在獸棚裡暴斃呢？

我實在是百思不得其解，發誓一定要調查清楚令 Pierre 致死的原因！我馬上穿好衣服，衝出蒙古包，看到本來安置 Pierre 的獸棚現在空無一物，我以爲 Pierre 的屍體已經被維吾爾族老鄉拉了出去。在那一刻，我眞的以爲 Pierre 已經死去，完全愣住了，如果當時有一面鏡子，一定能夠映照出我面如死灰的神色。

誰知道我轉過頭，便看到 Pierre 完好無缺地在樹下吃草，還有人把他拴好，實在太過分了！我知道這一定是旅店老闆的作爲，我氣沖沖地走到小賣店門口，本來打算怒罵老闆，以洩心頭之憤，但卻看到他倚著牆角，雙手插在夾克的口袋裡，嘴角上翹，微笑著露出洋洋得意的神情，這一下子我的怒氣全消了，又想到他昨晚幫我安頓 Pierre，還免費找來草料丟到獸棚裡，本來在心裡已經想好罵他的話，最後我只是指著他說一句：「你嚇死我了！」

這本是一個美好的早上，理應要埋在被窩裡賴床，如今卻毫無睡意，亢奮的心情一直無法平靜下來。既然如此，只好在梳洗過後，帶 Pierre 找一個水草充裕的地方休息一整天。

我牽著 Pierre 走到公路上，往前行三百米左右，就來到大龍池風景區的入口。放眼望去，不同深淺程度的綠色景象連成一氣，地上綠草萋萋，山腰青松深鬱，大龍池水搖碧漪，加上群山蒼雪的點綴，讓我和 Pierre 雙眼發光。Pierre 毫不猶豫地便跑進景區，往草地奔走，我幾乎被他拉倒，很久也沒有見過 Pierre 如此興奮。從昨天茫茫白雪的鐵力買提達坂上，不過一天的光景便進入人間天堂，也難怪 Pierre 會激動起來。

雖然我看到有告示寫著要遊人買票進景區，每人四十塊錢，但這裡根本沒有景區的職員在賣票。本來我想牽 Pierre 到靠近池邊的草地上吃草，但原來這裡是一片沼澤地，愈往裡面走，雙腳愈容易陷入軟綿的地下。於是我把 Pierre 拴在較結實的地表上，與他一起欣賞大龍池的風采。

湖區四周綠草如茵，是 Pierre 的天堂。

很可惜沒有太多閒暇可以讓我看著風景發呆，昨晚趕路的時候，驢車的內胎在不知不覺間被刺破，我必須在明天出發之前換上一條內胎。幸好在我住宿的蒙古包對面，有一家外表簡陋，由一個大帳篷搭建起來的修車小店，換驢車內胎是一項大工程，既然可以把這份惱人的工作假手於人，我就不介意掏腰包付一點兒修理費。但雖然我付了錢，修車師傅也需要我的幫忙才可以替驢車換上新的內胎，我可不是翹起雙手站在一邊觀望的。

修好驢車後，我回到小賣店裡，打算採購一些日常用品。踏進店門，便看到連同老闆在內，有四個維吾爾族老鄉正圍在火爐旁取暖，爐子的旁邊擺放了一籃子熟雞蛋。我好奇他們在聊什麼，原來這時候他們想要玩一個小遊戲。

瑣碎事之一：將驢車上的行李全都翻出來曬乾。

首先，每人從籃子裡挑一隻自己認為最堅硬的雞蛋，其中一個人張開嘴，拿起手中的雞蛋往門牙上敲，來試探雞蛋的堅硬度。當他們都挑選好自己的「參賽」雞蛋之後，就抓穩自己手上的雞蛋，跟對方的雞蛋用力互撞一下，誰手上的雞蛋完好無缺，誰就是贏家。

玩法如此簡單，還可以就地取材，真不知道這個遊戲是不是他們即興想出來的，不過既然是當地居民，即使再亮麗動人的風景，長年累月、一刻不停地看，他們肯定已經看膩了。對於他們來說，在這裡生活實在太枯燥，有時跟朋友玩一個小遊戲，也可以自得其樂。

離開小賣店之後，我遇見到一個維吾爾族男人牽著三隻羊，來到一個字牌上寫著維吾爾語的空地上，接著那個人把三隻羊的雙腳都綁起來，然後便離開了。羊兒都在滾地掙扎，同時斷斷續續地發出「咩咩」的叫聲。沒過多久，那個人帶同另一個提著刀和鐵盤的男子回到空地來，顯然是一個屠宰戶。他在其中一隻羊兒的脖子上劃了一刀，用鐵盤將流出的血盛起來，目的是放乾羊血，然後他們二人又聊著天徐徐而去。維吾爾族人其中一個禁忌就是不食動物血液，放血這個行爲只是他們的信仰文化之一，沒什麼大不了。我想我也能猜到餘下的宰羊細節，不外乎是去羊皮和抽出內臟吧。

過了一個小時，我繞了一圈回到空地，看到那兒聚集了六個人，其中包括一名維吾爾族婦女，仔細一看，原來那個婦女正用羊血泡腳，還用羊血敷臉，難道泡在血液裡會有辟邪作用？這是在我對維吾爾族文化的理解之外了。老實說我很少會感受到文化衝突，但這個舉動帶來了太大的視覺衝擊，我實在不太欣賞，不過我能尊重彼此之間文化上的差異，這裡畢竟是維吾爾族人的地方。

原先計劃今天是休息日，結果整天都被一些瑣碎小事纏擾，不知不覺間已經到了黃昏，今天最後一項任務是要在天黑之前，返回大龍池景區把 Pierre 牽到獸棚去，這一天就這樣結束。

最霸氣的馬車

我的驢車配不上跟著一隻惡犬，反而帶上一隻吉娃娃會比較適合，更符合 Pierre 那張長得很有喜劇效果的臉。

在大龍池準備出發離開的那個早上，赫然看到在樹上綁了一頭焉耆壯馬。焉耆馬是巴音布魯克特產之一，由於跑姿像神龍一樣引頸翻騰，所以得享「龍駒」之稱。根據考究，焉耆馬是由土爾扈特東歸的時候從伏爾加河引進西域的，藉著巴音布魯克大草原得以繁衍下去。焉耆馬在古今中外都享負盛名，尤其以耐力著稱，可日行數百里。在清代，如果不斷以焉耆馬接力交替傳信的話，可以在一個星期之內從西域到達北京。

在那頭焉耆馬的身旁有一輛木製馬車，車上的行李都用淺藍色的塑膠布遮蓋著，車後則鎖著四條惡犬，只要有任何人想靠近馬車，牠們都會吠叫，而且目露凶光，警告每一個可疑的陌生人，不過由始至終我都沒看到馬車主人的蹤影。

從鐵力買提到庫車，都是盤山下坡路，沒走多遠，便從山路朝下方看到小龍池的全貌，大小龍池的池水都是由天山山脈上的積雪融化而成的，只是小龍池的面積較小，其實也就是大龍池的翻版而已。本以爲 Pierre 可以順利地拉車，我卻發現 Pierre 在下坡時很容易站不穩，檢查過他的足蹄之後，便找到原因了，原來是鐵掌已經被堅硬的柏油路磨平，我們要趕快到村裡找師父釘鐵掌。於是我只好下車牽著 Pierre 走，減輕他的負擔，而且我覺得有我在前面拉著 Pierre 的話，他會走得更放心。

後來我聽到急速的馬蹄聲，而且愈來愈接近，轉頭一看原來就是那輛拖著四條狗的馬

經常會有羊群並排而行，堵塞道路。

當我走到羊群身後時，牠們便會四散而走。

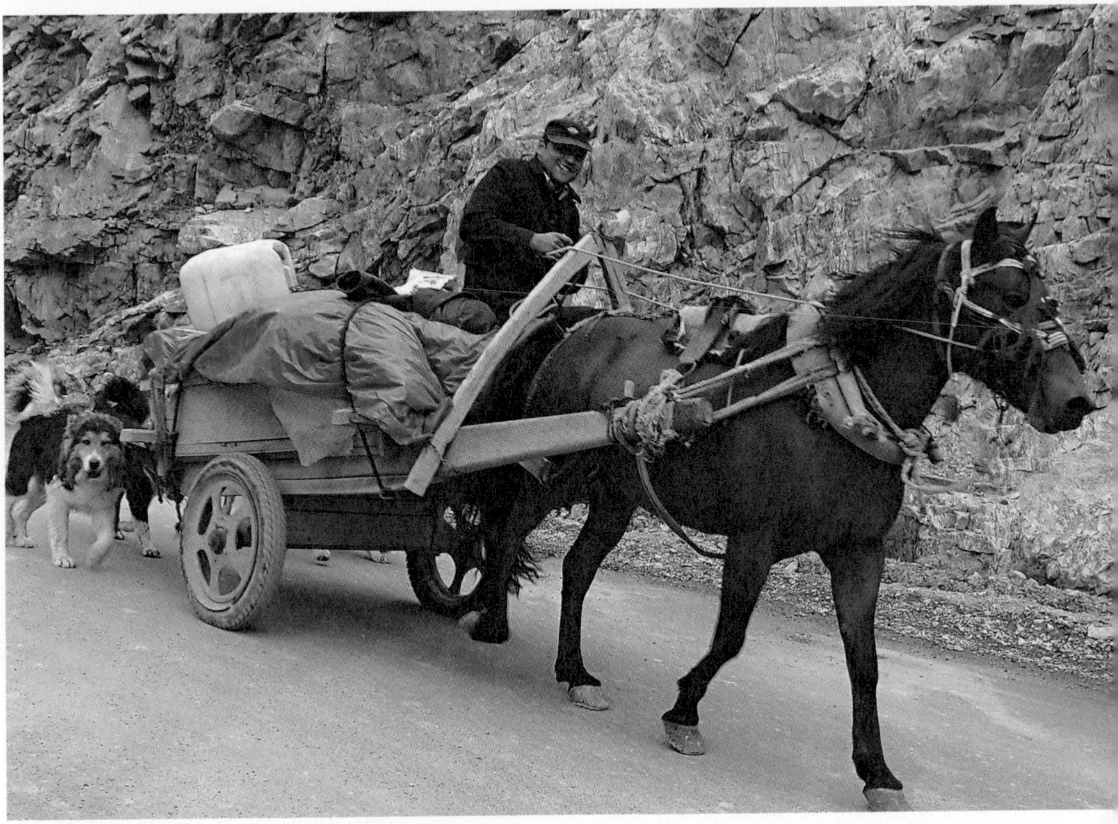
這還不是最有霸氣的馬車嗎？（連馬的表情都特別高傲！）

車。那匹焉耆馬步步有力，真正演繹出「馳騁」的意思。相比之下，Pierre 就差得遠了……趕馬車的維吾爾族人叼著根菸，我記起了，他是昨天在小賣店裡圍著火爐玩小遊戲的其中一個人，但他什麼話都沒說就超越我們遠走了。

這時候我幻想，如果我的驢車後面也可以拉一條狗的話，也許會帥一點，但當我看看 Pierre，再看看那維吾爾族人的壯馬，立即頓悟我的驢車配不上跟著一隻惡犬，反而帶上一隻吉娃娃會比較適合，更符合 Pierre 那張長得很有喜劇效果的臉。

在路上的老過客

他是我的朋友，我們一起走過很多地方，不能因爲他跑得慢就把他賣掉的。

我們依然走在下坡路上，但身邊的風景已經由白雪茫茫的山麓，轉爲綠油油的草原，到現在「一毛不拔」光禿禿的山谷。慶幸的是這裡不缺水，總有一條山溪在附近，不過這段路的路況很差，幾乎每走二十多公里就能見到修路工人所住的帳篷。

我們沿著與河道並排的車路行進，穿過重重山谷，當我們準備走過一座石橋的時候，發現有兩個維吾爾族人在石橋的對面停下摩托車，一臉笑容地看我，這本來也沒什麼好奇怪的，因爲根本沒有人會在這裡趕驢車，我又不是維吾爾族人，自然容易引起其他人的注意。

當我快要接近他們二人的時候，其中一人對我說：「我們在巴音布魯克看到你！現在又看到你！」這一刻才知道他們對我笑的原因，不過像這樣的事其實屢見不鮮，大概是因爲我們行進緩慢，只要是在這附近來回的職業司機，都有可能會在同一路段碰見我們數次，在之前的路上就已經有幾位司機迎面而來時，都說「我碰上你幾次了！」或是「你怎麼還

我們穿過一個接一個的山谷，幸好總有一條小河跟著道路並流，這幾天的生活用水全來自這條小河。

沒到啊？」諸如此類的話，有時我甚至能辨認出碰面多次的司機。

雖然沒有認出這兩個人，但我也停下來跟他們聊聊天，當是互相打發一下無聊的時間。原來他們也要到庫車，此時我們距離庫車還有一百三十公里左右，他們騎著摩托車，只要再走三個多小時就能到達庫車，而我粗略預計，如果順利的話，我們則要再走三至四天才能抵達目的地。這個時候身材較壯大的那個男子在Pierre屁股上拍了幾下，對著我說：「你的毛驢子太瘦了，到庫車的時候把牠賣掉，再換一輛摩托車開到喀什去，呼——呼——這樣會跑得更快。」

爲什麼現代人都會如此崇尚速度？這是功利主義產生出來的副產品嗎？我當然不會是第一個思考到這個問題的人，米蘭·昆德拉所寫的《緩慢》一書，開始就問到：「爲什麼緩慢的樂趣消失了呢？以前那些閒逛的人們到哪裡去了？」

以旅行爲例，許多人都會在旅行前定下一個目標，我們最常聽到的是「以最少的時間和金錢走最遠的路」，於是人們便會費盡心思，搜集所有關於這次旅行的資料，列出一個完美無瑕、牢不可破的行程表，務求達到「以最少的時間和金錢走最遠的路」的目標，生怕錯過任何一個旅遊亮點，然後在旅途中盡可能加快步伐來找尋旅途上的幸福感。結果，他們的確找到了幸福，但這份淡如輕煙的幸福感還沒在自己的心坎裡生根，他們又動身去追逐下一個幸福之源。

總言而之，我們愈是要在旅途中追趕上幸福感，便愈會抓不緊，當這一類人在計劃行程的時候，我會建議他們在密密麻麻的行程日誌中，給自己奢侈地安排一天既悠閒而又漫無目的的空檔出來；他們很有可能會在這趟旅行之後發現，這一天空檔是他們最能回味的一天。如果我這次是騎著摩托車旅行的話，我會全神貫注在速度之上，包括速度所帶來的快感、速度所帶來的效率，甚至是速度所帶來的潛在危險。然而，我將會錯過緩慢所能賦予的樂趣，在那種使人沉醉的節奏當中，我們才能在心中留住美和幸福。

我當然沒有用這個論述來向兩個萍水相逢的路人解釋，我只是在這個時候摸著 Pierre 的前額說：「他是我的朋友，我們一起走過很多地方，不能因爲他跑得慢就把他賣掉的。」接著，我又一邊指著大個兒，一邊對著另一個男子開玩笑：「你要小心他到庫車之後會把你賣掉！」逗得他們嘰嘰笑。

強風加冰雹

現在的 Pierre 不可與昔日吃垃圾的小毛驢同日而語了，今天的他雖然比起其他毛驢還是瘦削了一些，但看起來精神抖擻，而且步步有勁，這眞的要特別感謝老鄉們的無私饋贈。

本以爲在鐵力買提經歷過暴風雪之後，往後的路上應該會平安無事，起碼在低海拔的地方天氣會比較穩定。沒想到下山之後，天色依然變得很快，幾乎是說變就變，根本不能掌握。

當時我正坐在驢車上，聽著 MP3，偶然會在太陽底下打打瞌睡。Pierre 依舊低著頭，在馬路上主動靠邊走。我不趕路，任由 Pierre 隨著自己的心情和步伐慢慢行進。那時候天氣晴朗，萬里無雲，突然聽到驢車底下傳來「砰」的一聲，原來是驢車的輪胎爆了，我只好馬上讓 Pierre 靠路邊停下來，然後解開車套讓他吃草休息，我則找來修理工具去換內胎。

替驢車換胎是一件痛苦而費勁的事，絕不如自行車換胎那麼簡單，得先把驢車架起來，再把外胎撬出來，這就要花上半個多小時。在我專心工作的期間突然狂風大作，這時抬頭望才知道，剛剛的晴朗藍天，已經烏雲密布，到我意識到要穿雨衣的時候，爲時已晚。

起初是狂風夾雜著雨點迎面打過來，我還未來得及穿好雨衣，只有一隻手穿進衣袖裡，雨衣的其餘部分就像風馬旗★一樣在風中飄揚。我轉身用背擋著強風，閉上雙眼，只能聽到耳膜震動的聲音，然後開始慢慢感覺到水滴變成顆粒狀，把我打得發痛。我勉強睜開一隻眼睛，嘗試看看Pierre在強風和冰雹下如何自處。自然界的生物就是厲害，他早已經躲在一株小樹的後面，又一次用帶有諷刺的眼神嘲笑我。風勢慢慢減弱，冰雹又變成小雨點，放眼看去，只見被吹得東倒西歪的小樹，馬路上一片狼藉，天空又離奇地變得蔚藍，好像不曾有過惡劣的天氣似的。一切又回歸平常，而我只好穿上外套保暖，顫抖著繼續換內胎。

風雲色變只瞬間，前方的烏雲快要飄到我們頭頂！

★阿Q旅語

現今的蒙古人主要信仰藏傳佛教，在新疆部分蒙古人聚居之地，可以見到一串串印有咒文的各色經幡，稱為「風馬旗」，有奉神和祈福等用途。

雨後彩虹，是重現希望的憑證！

一日復一日的路途上，漸漸發展出一個規律：我差不多每天都會在九點前爬出睡袋，趕路到中午一點前，儘量找一個有水有草的地方讓我們休息兩個小時；如果在路上找到 Pierre 平時喜歡吃的植物，我會割一些塞進麻袋裡，接著繼續前行；走到黃昏的時候，便開始觀察合適的紮營地點（首要條件是要夠隱蔽，當然水草豐足會更好）。停下來紮營之後，第一件事就是要餵 Pierre 吃飼料，Pierre 除了吃地上的青草之外（如果有的話），主要還會吃他最愛的胡蘿蔔，其次是苞穀（用做補充能量），還有乾草（他的主食）。每次到城裡的時候都會大量補給，每次起碼買十公斤，剛巧這段時間是農作物收穫期，老鄉們通常都會把玉米稈和苜蓿（牧民常用的牧草，收割後可陰乾保存，維吾爾族人多放在屋頂陰乾）放在門前曬乾，經過維吾爾族的田舍時，慷慨的維吾爾族村民會給我一些，讓 Pierre 在路上吃。

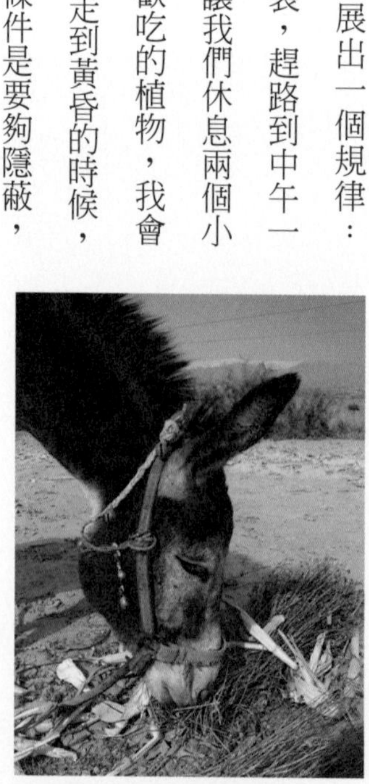
真是好味啊！謝謝老鄉們！

現在的 Pierre 不可與昔日吃垃圾的小毛驢同日而語了，今天的他雖然比起其他毛驢還是瘦削了一些，但看起來精神抖擻，而且步步有勁，這真的要特別感謝老鄉們的無私饋贈。

Pierre 跛腳

我知道用漢語罵他是沒有用的，他是一頭由維吾爾族人養大的毛驢。

之前提及過，因爲 Pierre 的鐵掌磨蝕，下坡時容易站不穩，我一直在路上打聽，看看能不能找到釘掌師傅，但始終沒找到，也一直擔心整日走在堅硬的柏油路上是否會令 Pierre 的足蹄受傷害。

我坐在驢車時，已經感覺到 Pierre 的步履跟平時有差別，不敢再加重他的負擔，因此下車牽著他走，但他的步履愈來愈不對勁，甚至開始一拐一拐地走路。這裡是四野無人的荒灘，停下來休息也不是一個好辦法，只好邊走邊鼓勵 Pierre，有時又邊走邊罵他，說他上坡沒力氣，下坡又走不快，「無鬼用！」但我知道用漢語罵他是沒有用的，他是一頭由維吾爾族人養大的毛驢。

我們堅持前行，終於來到一間維吾爾族餐館前，我問老闆娘這附近有沒有釘掌師父，她說前方兩公里的村裡會找到。我在想以 Pierre 現在的狀況，要多走兩公里，還不一定找到釘掌師傅，實在太冒險和費勁，我不想 Pierre 多走冤枉路，但好像又沒有其他更可行的

看起來有點像人家遛狗！

釘掌實況直擊！

解決辦法。

這時候老闆娘叫醒了正在睡覺的老公，說了一大堆我聽不懂的維吾爾語，聽她女兒的解說，原來她是要老公馬上起床，開摩托車進村去把釘掌師傅接過來，在這裡幫 Pierre 釘掌。看著他老公絕塵而去，我非常感激他們的熱心幫忙，爲我和 Pierre 省下不少氣力和時間，然而我還是在擔心，怕 Pierre 的傷沒那麼容易治好。

很快釘掌師傅就坐著摩托車來到餐館門前。他是一位頭髮花白的老人，身材矮小，他

Pierre 與驢車，趁日落留倩影。

觀察了一下四周的環境，便示意我把 Pierre 牽到一輛大卡車的車前。接著老人把繫著 Pierre 的韁繩綁在車頭，韁繩收得很緊，Pierre 幾乎動彈不得，這樣會有利於釘掌工作。老人又教我拿穩 Pierre 的腳，我分腿紮馬，用膝蓋撐起 Pierre 的足蹄，這個時候老人便開始做事。Pierre 應該是右前蹄出問題，因爲當我拿起 Pierre 的左前蹄的時候，他會站不住腳，然後開始掙扎，幾次擾攘之後，終於可以爲 Pierre 的左前蹄釘上鐵掌。

一輪「叮叮噹噹」的打鐵聲過後，Pierre 換上了煥然一新的鐵鞋子，老人說毛驢之所以走路時一跛一跛的，是因爲足蹄有濕氣，只要休息一日就會自然痊癒。最後我得到餐館老闆的同意，把驢車放在餐館門口，而我和 Pierre 則在餐館後面的一個大空地紮營過夜。翌日 Pierre 果然沒再跛腳，眞的很神奇，但我依然搞不懂老人所說的「足蹄有濕氣」是什麼意思……

高人指點

我看到一間便利店，馬上衝進去，除了爲自己買了幾支冰凍飲料外，當然沒有忘記Pierre，買下十支礦泉水讓他補充水分。大概沒有幾隻毛驢會有這樣的優待吧？

之前的路上，只要抬起頭來，我就能看到一條河在附近，但在距離古龜茲國——庫車約八十公里的路上，水源開始短缺。雖然在公路的旁邊就是一條河道，但不知道是什麼原因，可能即將進入旱季，又或是上游儲水，我可以清晰地見到布滿鵝卵石的河床。本來寬闊的河道上應該是澎湃的河水，但現在只剩下細水淺流而已，所以我常常都要在加油站或小賣部等地方裝水。

驢車上有兩個裝水容器，一個可裝二十升，另一個可裝十五升，如果Pierre一整天都在路上曬著太陽，而又沒有青草吃，只吃乾草的話，那Pierre只需要一天的時間就可以喝下十五升水。換句話說，我必須要在三天之內補充存水，才可以免Pierre於飢渴。書上說，毛驢可以忍受很長一段時間餓肚子，但如果缺水的話就容易引發其他疾病致死。

經過鹽水溝收費站之前，我在溝裡打了一點水，因爲水桶內的水已經一滴不剩，雖然

看到樹影，也意味著附近有民居。

鹽水溝峽谷★

來看看！連交警也動手幫忙改良我的驢車。

仍可以在天黑前到達庫車城裡，但爲保險起見，還是多準備一點水，縱然打上來的水是鹹的。到了收費站，我看到一間便利店，馬上衝進去，除了爲自己買了幾支冰凍飲料外，當然沒有忘記Pierre，買下十支礦泉水讓他補充水分。先前的鹹水便沒有利用價値了，大概沒有幾隻毛驢會有這樣的優待吧？

在收費站裡還設立了一個關卡，專門給過路人吃糖丸，說是因爲在喀什那邊爆發了脊髓灰質炎（俗稱「小兒痲痺症」），吃糖丸之後可以產生抵抗力，所以每一個路過的人都要在登記身分後吃一顆，當然我也不例外，我還打趣地問關卡的工作人員：「我的毛驢要不要也吃一顆以防萬一？」

我被攔下來的時候，吸引了很多人的注意，很快有幾個維吾爾族老鄉走過來七嘴八舌地詢問，「你要去哪裡？」「這頭毛驢子是你的嗎？」「不會吧？

你眞的是坐著驢車從庫爾勒過來的嗎？」「花了多少時間才到這裡？」……諸如此類的問題，七嘴八舌，一時間問得我頭昏腦脹。他們似乎都不敢相信我從庫爾勒走到巴音布魯克，再一路走過來。

吃過糖丸之後，看到老鄉們對著我的驢車指指點點，似乎對套車的裝備有點意見，經過一輪交頭接耳後，老鄉們向我提出了一些調節套車裝備的建議，讓 Pierre 拉車更舒服。後來還找工具自己動手改良，接著又走來一個交警，都是來幫忙的，他們都單純得很可愛。

果然 Pierre 走得比之前更順暢一些，現在愈來愈接近庫車——毛驢縣城，說不定這些熱心的老鄉們以前的家裡都養過幾頭毛驢，全都是懂驢性的專家高手。

★阿Q旅語

鹽水溝峽谷，當地維吾爾人稱之爲「克孜爾亞山」，有「紅崖」的意思，因峽谷裡的奇峰異石而聞名於新疆。此處令我最印象深刻的是有一奇山被命名爲「布達拉宮」，但我絲毫不認爲那座山有丁點兒像拉薩的布達拉宮，只好讚歎人們豐富的想像力。

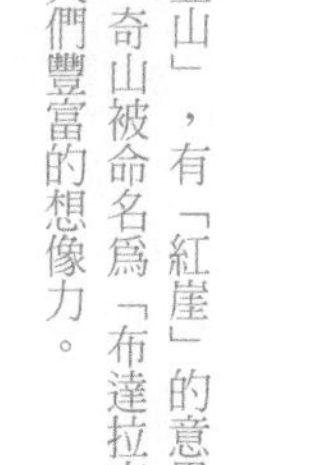

Pierre 不是一頭驢

不知走到哪一步開始，Pierre 再也不是運送我到目的地的工具；他是我朋友，一個我寧願放慢腳步去遷就，也不能拋下的朋友。

6

毛驢聖地

世上最美好的事物是不可目見亦不可膚觸的，只能用心感受。

——海倫・凱勒（Helen Keller）

毛驢的品種

Pierre 沒有眼圈，而且留有「齊蔭」，在毛驢界之中已經算是外貌突出的。

終於來到庫車，這是我出發以來到達的第一個縣城。庫車除了是古龜茲國的所在地之外，還有另一個名稱——毛驢大縣。根據統計，在最高峰時期庫車的毛驢與人口比例爲一比四，即平均每四個人就擁有一頭毛驢。這裡可算是毛驢的聖地，現在 Pierre 算是來朝拜嗎？

起初我以爲毛驢的品種單一，至少不如馬一般多樣化。對於我來說，乍眼看來，所有毛驢都是長得差不多一個樣子，Pierre 沒有眼圈，而且留有「齊蔭」，在毛驢界之中已經算是外貌突出的。

原來，毛驢也能區分出很多品種，比如關中驢、德州驢、廣靈驢、泌陽驢、晉南驢、華北驢和新疆驢等，其中以關中驢和德州驢的體型最高大，屬於大型驢，華北驢和新疆驢則屬於小型驢。

而根據驢的毛色，又可以細分出好幾種，比如最常見的「三粉驢」，又稱「黑畫眉驢」，即全身毛色皆黑，只有嘴頭、眼圈和腹部爲白色，所謂「三粉」就是指這三個部位；還有較爲常見的「黑烏頭」，是指全身毛髮和皮膚均是黑色的毛驢；最罕見的算是「白銀河」，這種毛驢全身白皙，皮膚呈粉紅色，即使毛驢的年齡日漸增長，毛色依然不變，但依我看來，這種毛驢大概是患上了白化病吧。

Pierre 暫時住在獸棚，要與幾位牛大哥為鄰數天。

託管 Pierre 的男戶主名叫臥溥爾（音譯），圖中描繪了他家裡的陳設。我的驢車也是暫時放置在他的家裡，而 Pierre 則養在木門之後。

據資料顯示，早在二十世紀六十年代，曾有新疆兵團引入關中驢與本地新疆驢雜交配種，成功令其後代「增高」，但新培養出來的毛驢卻缺少了新疆驢的重要特性——既不能適應南疆夏季酷熱的天氣，又不耐粗飼，即使擁有碩大身材也是徒然。這樣看來，Pierre 刻苦耐勞，餓的時候連紙皮都可以消化掉，加上又合乎新疆驢體格矮小的特徵，可算是一隻典型和純正的新疆驢。

雖然庫車是有名的毛驢大縣，但在新城範圍裡是不可以讓驢車行走的。我渴望在庫車休息幾天，想洗一個熱水澡，我已經忘記了有多少天沒洗澡了。另外，也希望 Pierre 能得到充分休息，去應付之後可能更艱辛的路途。

我想到一個辦法，就是去城邊鄉下，把 Pierre 寄養在維吾爾族老鄉的家，他們都很忠厚老實，不怕 Pierre 被賣掉，而且大部分人都會有過飼養毛驢的經驗，最重要的是維吾爾族人禁吃驢肉，也不會用驢皮做皮具，所以我可以很放心把 Pierre 放在老鄉家裡。終於，幾經轉折之下在夏瑪勒巴格村裡找到一家人願意收留 Pierre，一天需要付四十元，雖然有點貴，但可以暫時不用照顧 Pierre，脫離他的「魔掌」，也是值得的。

鄉村的氣息

我旅行只有一個目的，就是在短促的人生之中，看看這個世界上的其他人是如何生活而已，旅遊景點、遺址對於我來說也是可有可無。

在庫車的老城裡，幾乎什麼都有得賣，就是沒有套車的工具。我希望能找到更適合Pierre尺寸的套車工具，現在所用的絭脖子對他來說太大了。拉車時，絭脖子與Pierre的前肩有一個虛位在不斷地摩擦，結果他的前肩被磨傷了，雖然傷口淺，不會構成重大的傷害，但我還是希望Pierre能在拉車的時候可以舒服一些。

終於我在龜茲渡口的廣場上，得到好心的路人帶路，來到一個正在裝潢的小房子裡。小屋的主人帶我們走到地窖，地窖裡擺滿了不同種類的套車工具，我憑著記憶挑了一個我認爲尺寸適合Pierre的絭脖子，接著我在渡口附近買了一大袋乾草，又在巴扎裡買了胡蘿蔔和苞穀，這些都是Pierre平常在路上吃的飼料。我想所有飼料加起來可以讓Pierre吃上十天。我又想起之前從庫爾勒出發沒多久，驢車上的篷子就被吹走了，便自己設計一個拆除和安裝方便的篷子，用兩根木棍加上一塊布，縫起來就完成了。

我一有空便會進村裡探望Pierre，田野的小路四通八達，路的兩旁都種滿了直挺挺的白楊樹，從樹與樹之間的隔縫窺看進去，則是一大片的玉米地，偶爾會看到一輛驢車從小路拐彎出來，通常都有一個老年人在趕車，手裡拿著一根隨手撿來的草鞭子，在毛驢的眼邊晃來晃去，警示著毛驢只要牠停下來便要挨打。

毛驢跑起來的時候，驢車上下顛簸，不是那種會令人拋起來的幅度，只是晃晃悠悠的，

龜茲古渡

古渡旁聚集著群眾。

我買了三個庫車大饢、兩個饢餅、十公斤紅蘿蔔和一大袋乾草，之後再到巴扎買了十五公斤苞穀……

去巴扎找布料做新的篷子。

像嬰兒躺在小吊床上一樣，讓車上的人在白日下都想打盹。我很少看到新疆人吃玉米，但卻經常看到鄉間的毛驢在埋頭吃玉米桿子，毛驢一天之內也要吃上幾斤苞穀，那這裡的玉米豈不是都為了毛驢而栽種？

到底在鄉間的人為什麼還要堅持用四隻蹄的毛驢出行，而不換成拖拉機或電動三輪車？而且毛驢在田裡還要犁地，牠們既沒有比馬跑得快，又沒有牛力氣大，當然也不可能比拖拉機負重多，但在庫車的田野間卻仍以毛驢來拉動百姓鄉民的生活，讓鄉間飄蕩著純樸的小農氣息，剷除了人心中的雜思雜想，每一個人走來都會迎面而笑，每一個人都會謙遜地幹著農活。

有時看到一頭毛驢套上車，被綁在家門前，而不見主人的蹤影，像要準備趕巴扎。毛驢卻老老實實原地站著，一動也不動，忠厚得很。庫車老城是一個大水車，靠著庫車人親切的毛驢一步一步慢慢運轉，即

大小驢一起出行，小驢可以從媽媽身上學到拉車的技巧。驢 baby 非常可愛，如果牠的個頭不會再長大，我會認真考慮在家裡養一隻驢 baby。

使科技再發達，庫車老鄉還是不會放棄這種傳統古老的運輸工具。

我在庫車休息了好幾天，無所事事。庫車周邊的旅遊景點非常多，但我卻一個景點都沒有去過，比如在前往庫車的路上曾途經天山神祕大峽谷景區，景區管理員還說他從來未見過有人趕驢車旅行，想邀請我免門票參觀景區，但最後因爲 Pierre 不能陪我進入景區，我只是在入口照相便算了。除了大峽谷之外，還有著名的克孜爾千佛洞和庫木吐拉千佛洞等，都是歷史久遠的文化遺址，不過價格高昂的門票和絡繹不絕的遊客令我爲之卻步，我很討厭去一些已經過度開發的所謂旅行景點。

我旅行只有一個目的，就是在短促的人生之中，看看這個世界上的其他人是如何生活而

二〇〇九年八月，在四川遇上慈祥的藏族大媽。

喀什米爾小女孩。

巴基斯坦火車上的小男孩。

已，旅遊景點、遺址對於我來說也是可有可無，我大可以上網去看其他遊客拍出來的景點照片，也可欣賞到他們所看到的景色，不同的照片頂多只有角度和時間的差別，但我在旅途上所遇到的人和事，卻是獨一無二，不能輕易複製。

晚上躺在旅館的席夢思上，軟綿綿的，但我卻睡得不安穩，一直徘徊在迷糊與昏睡之間。在這樣的情況下，眼前出現了一張一張似曾相識的臉，他們都是我以前在路上遇到的人，沒有錯，我記得很清楚，他們和我天各一方，但我又覺得大家之間有個無形的環在連結著，這到底是怎麼一回事呢？

二〇〇九年八月，我誤打誤撞地到了位於四川丹巴的莫斯卡草原，一個沒有被開發的深山大草原，我接受了一位藏族大媽的邀請，住進了她的家。記得第一天晚上，因爲前兩天上坡的幅度太大了，身體沒適應過來，晚上在那髒兮兮的被子裡，忍受著頭痛和寒冷的天氣，蜷曲著身體，一直不能入睡。直到早上六點，整個村子都迴盪著唸佛聲，探頭往外看，才第一次感受到信仰的力量。我還記得，在離開的時候，她一直握著我的手，在說珍重的話，我有一種衝動去抱一抱大媽，眞後悔沒有這樣做，我回頭看她，試圖加深記憶的烙印，那刻只見她手拎一串念珠，口中唸唸有詞，我就知道我這一輩子都忘不了這位藏族大媽。

對我來說，在旅途上最美最動人的不是大山大景和名勝古跡，我總要憑藉記憶中的臉，才想起這些風景。明早要去村裡接回 Pierre，繼續朝西出發，讓 Pierre 幫我在腦海留下更多回憶。

最珍貴的玉米稈子

別以爲 Pierre 是因爲我們重聚而激動，我肯定他只是記得在我身上有他最愛吃的胡蘿蔔而已。

回到村民家接 Pierre，他第一眼看到我的時候，仍會像每天早上我從帳篷裡起床出來一樣，對著我天眞地嗚叫，然後跑到我膝前。別以爲 Pierre 是因爲我們重聚而激動，我肯定他只是記得在我身上有他最愛吃的胡蘿蔔而已。你這個貪吃鬼！

幾天沒有跟 Pierre 朝夕相對，覺得他長胖了，身上的毛髮也較之前濃密和光亮，前肩的傷也差不多完全癒合，而現在換上改良過、塞滿棉花、尺寸又合適的紮脖子，我猜想 Pierre 在拉車的時候一定會輕鬆一些。

幾天沒坐上驢車，Pierre 在維吾爾族老鄉的家裡養精蓄銳，得到了充分休息，現在拉起驢車來更有勁力，我有些時候還勒不住他呢！本來計劃先在一天之內走上四十公里，在新和縣城邊過一夜，接著途經羊大都穿過戈壁灘，再到達阿克蘇市。

我們由村子出來，上立交橋，跟著路邊的指示牌走，差一點就被帶到高速公路去。坐著驢車上高速公路實在太危險了，別的車輛在高速公路上平均都會以時速一百公里行駛，但Pierre跑起來的時候時速還不到十公里。幸好有兩條路線可以從庫車到阿克蘇，原先計劃所走的是南線，需要穿過約兩百公里的戈壁荒灘，但總計路程比走北線短三十公里左右，現在我們只好改道走北線，出發到距離庫車有一百多公里路程的拜城縣，再前往阿克蘇。

我在鹽水溝收費站紮營過夜前，詢問過前路的狀況，比如路上有沒有民居，有沒有水

有簡約復古風格設計的驢車，是否很有美感？

之類，答案是選擇途徑拜城去阿克蘇的話，水資源會比較豐富，而且一路上都有村落人家，相反從新和出去都是戈壁，而且還在修路，路況較差，看來我們運氣不錯。

有一天晚上，大約到八點鐘左右，天色都快昏暗下來了，但我仍未找到適合紮營的地點。我對營地的要求很高，一來地勢要夠平坦，二來那地方要麼有草，要麼有水，最少要符合一個條件。那時候有一輛驢車從後超越，趕驢車的老鄉回頭用奇怪的眼光看著我，我意識到假如我們尾隨老鄉而走的話，Pierre 今晚的糧草就會有著落，可能 Pierre 也知道有這個好處，便使盡吮奶的氣力跟著前面的毛驢一起奔跑（也可能因爲那頭是母毛驢）。終於老鄉把我帶到一片曬苞穀和玉米稈子的大空地上，他便繼續入村絕塵而去。

我把驢車停好，看到在空地上有幾個維吾爾族老鄉在幹活，我把我的經歷告訴他們，慷慨的老鄉們容許我在這裡紮營，更可以隨便拿擺在地上的玉米稈子。如果 Pierre 會聽人話，聽到老鄉這樣說肯定會樂死了，蹦蹦跳跳地在空地上跑。我也毫不客氣，讓 Pierre 吃上很多玉米稈子，半夜四點鐘的時候，冒著嚴寒起床去拿一把給 Pierre 吃，到早上出發之前，又拿下一扎好讓 Pierre 可以在路上吃，這可算是最珍貴的玉米稈子了吧。

沿著 307 省道而走，穿過幾個鄉。這一路上雖然綠化覆蓋率高，意味著附近一帶有人居住，但我們也因此找不到空地紮營，道路旁邊總有一兩棵樹，我害怕晚上管不住 Pierre，他會去啃樹皮，把主幹木咬一圈，長年累月辛苦種來的防風樹一死，植樹工人的心血便會白白浪費，即使賠錢也不能補償，我知道有些事情不是金錢可以衡量的。

我試過在晚上摸黑找營地，走上一塊空地，我用手電筒隨便照一下，感覺那裡沒多少垃圾，就決定紮營過夜，睡醒過後，卻發現空地像一個小型垃圾場，在角落還可以看到幾坨人糞，幸好前一晚沒給 Pierre 太大的活動範圍，就是為了不讓他亂吃地上的東西。

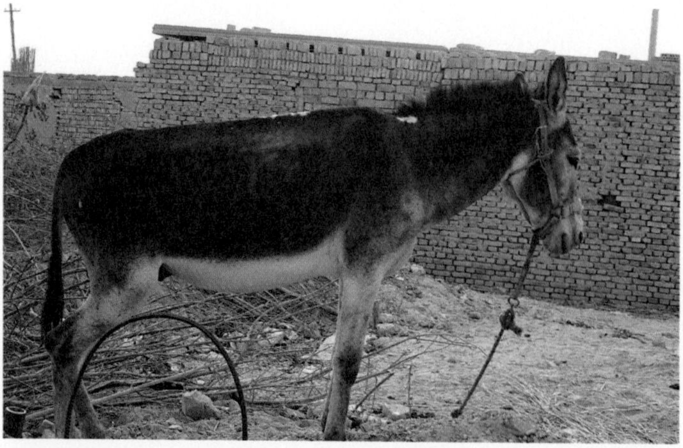

大概是這樣的空地，但垃圾更多，還有幾坨人糞。

驢蹄掀起的塵土

我想要的，其實只是過程，而不是結果。

在路上看到了很多指示牌，轉左是去這個村，轉右是去那個村，都是維吾爾族人的村落，感覺一路上都有人居住，而且爲數不少的樣子。另外，我發現我走了一天一夜，一路兩旁都仍然種滿高大而筆直的白楊樹，銀白色的碎葉在隨風搖擺，這一片翠綠起碼延綿三、四十公里，究竟要用多少人力和資源才可以在乾旱的新疆成就到這個景象？

白楊樹跟南疆毛驢一樣粗生粗養，耐旱耐寒，只需要一點水分便可以挺拔生長，即使是南疆酷熱的大太陽也不能將它活活曬死。正是因爲白楊樹不講究生存條件的特點，南疆人民才會以它作爲荒漠邊陲的護土樹、莊稼地上的防風樹、老鄉家裡的庭蔭樹，這裡的綠化養活了很多當地人，防止水土大量流失，所以經常能看到樹林後的玉米地、麥田和葡萄園，乾土成綠洲，令貧瘠的黃土地恢復生機。

我還經常能看到維吾爾族老鄉趕著毛驢車，從通往麥田和果園的小徑裡拐彎出來，他們在木製的驢車上鋪上一塊紅布，坐上四、五個打扮得鮮豔的維吾爾族女人，顯然驢車成了來往各村子之間的其中一種交通工具。他們的毛驢比我的走得快，只要聽到老鄉發出「噓噓」的趕驢聲，夾雜著節奏快而短促，「滴滴答答」的驢蹄聲，我不用轉頭都知道即將要被超車。

這時，果然有一輛驢車跑在Pierre前面，趕車的老人和車上的乘客都會在同時間回頭，用詫異的眼神看著我這個奇怪的駕駛者，周邊的氣氛馬上變得詭異起來，但只要我對他們揮揮手，打打招呼，再模仿維吾爾族老鄉的趕驢聲，所有人都會頓時笑逐顏開，真是可愛至極的老鄉。

雖然其他驢車跑得比Pierre要快，但比起身邊呼嘯而過的電動三輪車和摩托車還是慢得多。我停下車，靠在樹蔭下小解，方便過後，還未來得及讓Pierre開始走，又有幾位老鄉過來湊熱鬧，其中一人對我說：「花錢買一輛毛驢車的話倒不如買電驢子，呼的一聲，沒多久就去到想去的地方。」我摸著後腦勺問道：「什麼是電驢子？」他回答說：「摩托車！」維吾爾族人眞是對毛驢有著深厚的感情，摩托車明明跟驢車的外

可能因為連驢車都要掛上車牌，實在太惹笑！

為什麼每個超車爬頭的老鄉都會回頭而笑？

形毫不相似，也要形容它爲「電驢子」。之後，有老鄉還說我吃飽飯沒事做才會趕著驢車旅行（其實他在某程度上沒有分析錯）。

這正是我要選擇趕毛驢車的原因，我想要的，其實只是過程，而不是結果，能不能成功到喀什並不是我最關心的事情，我大可以用買毛驢的錢，買張機票飛到喀什，我最關心的是我和 Pierre 路上的一點一滴，還有我和 Pierre 之間難得的微妙感情，爲此我願意坐在驢車上，吃上驢蹄掀起的塵土。

雖然老鄉們常常會說出這些煩人的話，有時候會使我覺得膩煩，但我實在不忍心發怒，尤其是看到南疆老鄉們獨有的天眞模樣的時候。

不要活在井底

香港不是什麼都有，但既然沒有也可以生活，爲何要到別處去找？

旅行不是爲了看什麼風景、買什麼手信，而是要擴闊自己的眼界，不讓自己一輩子都活在井底。

旅行過後，可能什麼都留不下來，但在某個階段、某個時刻，潛沉在心底的回憶會突然浮起。旅行的意義就在那一刻尋回。

7

溫馨拜城

唯有了解，我們才會關心；唯有關心，我們才會採取行動；唯有行動，生命才會有希望。

——珍・古德（Jane Goodall）

以心傾聽

只要我們其中一人缺乏耐心，就會讓我錯過他這次真誠的招待。

來到拜城，又有進城休息的機會。和上次到庫車一樣，毛驢車不能進城，我只好找一戶農家把 Pierre 安置下來。我們一邊走在筆直的道路上，一邊觀察有哪些民居適合安置 Pierre。

剛好在主幹道旁邊有一個正在組建的加油站，而在工地旁邊則有一所民居，房子的後面有一大片雜草叢生的空地，我覺得自己可以很輕易地就找到這個地方，而且此處距離拜城城區沒多遠，是一個理想的地點，我姑且把驢車停在民居的門前，嘗試去找那家人，看看他們是否願意收留 Pierre 數天。

來應門的是一位漢族大媽，約五十多歲，可能因爲忙於農事的關係，曬得一臉黝黑。

「我是從庫爾勒趕著驢車旅行到這裡的，過兩天要去阿克蘇，現在先在拜城休息兩天，請問你這兩天可不可以收留我的毛驢？」同樣的話我已經向不同的人講過無數次，早已背誦得滾瓜爛熟。但我見大媽還沒反應過來，接著指著 Pierre 補充：「我兩天之後，即是十月九日，會親自來接牠走。」

「好吧！」大媽很爽快地答應我，並且叫來行動不便的老伴幫忙找個地方拴好 Pierre。

「你們以前養過毛驢嗎？」我試探性地問道，我擔心他們沒養過毛驢，Pierre 會爲他們兩老帶來麻煩。

「十多年前養過，早就賣掉了。」老先生對我說。這一下我就完全放心，可以把 Pierre 暫時交託予他們。我向他們交代清楚之後，也開始著手從驢車上收拾個人物品。

我在準備自己坐車離開之前，再去觀察一下 Pierre，「在別人家的地盤要聽話，不能搗蛋。」我一邊摸著 Pierre 的大耳朵，一邊告誡他說。那時候 Pierre 正在吃青青嫩草，但我發現 Pierre 的四肢不時會顫動起來，細心看，才見到有上百隻蒼蠅依附在 Pierre 烏黑的腿上，我撥走蒼蠅之後，看到 Pierre 腿上有很多血點，我還以爲只有蚊子才嗜血，我萬萬沒想到連蒼蠅也會吸血（以我的認知，蒼蠅多以腐物爲食），這樣的事我還是第一次遇到。

漢族大媽說因爲他們家養豬，所以不能避免蠅患，她的老伴也對我說，如果 Pierre 就這樣一直被蒼蠅滋擾和叮咬，幾天下來可能會走不動，我想也是。我如此費周章地去找民居安置 Pierre，也是希望能讓 Pierre 得到休息而已，如果任由 Pierre 被蒼蠅騷擾，那豈不是本末倒置了嗎？所以我只好把個人行裝放回去，替 Pierre 套上驢車，回到主幹道上再找另一戶好人家。

沒過多久，我看到一個維吾爾族大叔騎著一輛比他體積小很多的自行車，座管調得很高，使他腰板不得不挺直，一度讓我有錯覺以爲他是站著蹬車的，他用我已經習以爲常的好奇眼光盯著我。冒犯地說，我覺得他那一刻好像騎單輪車的小丑，有點滑稽。他突然大聲向我叫喊，我不知道他在說什麼，只見他用手勢示意我過去他那邊。在路上見過很多這樣熱情的老鄉，但這些時候通常我都是在趕路，還要我把驢車調頭到對面，別耍我吧？

這次我也沒有理會他，只是揮揮手，打了個招呼便繼續前行，他見我要走，又騎車追上來，他這樣費勁，原來只是想問我在賣什麼東西。那一刻我心想幸好沒有調頭去找他說話，不然就會辛苦 Pierre 多走冤枉路，不過見這位大叔外表慈祥，而且面帶笑容，我覺得他可能會願意收留 Pierre，就向他提出暫時收養 Pierre 的要求，這不失爲一個機會。

大叔漢語很差，我比劃了很久，說出維吾爾語地名，Korla（庫爾勒）、Aqsu（阿克蘇）、Kashgar（喀什）……又指指 Pierre，讓他知道我是趕驢車跑長途的，他點點頭，好像理解我的話，我又指著 Pierre，掏出手機翻開日曆，指著九號那一天，說：「我（指著自己）……拜城……睡覺（加上手勢）……他（指著 Pierre）……你家……睡覺（加上手勢）……九號（當時還是指著手機日曆）……我他（交替地指著我和 Pierre）……走……Aqsu 去（加上手勢）……」他又點頭，顯露出一臉很理解的表情，我也覺得他應該聽明白了，不枉我花心機解釋那麼久。

他夾雜著維吾爾語和漢語，說要我到他家吃西瓜，還說毛驢也會有吃的，反正他那麼長的一句話我只聽到那一兩個單字，大概是這個意思吧。幸好我耐心地解說，他也耐心地聽我講，一言一語，每一個手勢，都要簡單易明，讓對方了解自己在表達什麼，跨越種族語言的界限，只要我們其中一人缺乏耐心，就會讓我錯過他這次真誠的招待。

熱情的維吾爾族大叔。

跟著大叔的自行車，坐著驢車走在綠樹成蔭的小徑，穿過一片片開始發黃的玉米地。在車輪滾動聲中，我好像隱約地聽到蟈蟈在唱歌，那到底是不是蟈蟈的聲音呢？我不敢肯定，走了很遠的路，左拐右拐，終於走到大叔的家門前，從驢車上下來，腳踏在一片枯黃的落葉上，「咔嚓」一聲，竟然跟之前的蟈蟈一樣！這也如雞啼日出，提示我秋天已經到來，之前在巴音布魯克冷得不成樣子，下山到庫車突然又要換上短衫衣服，我覺得季節錯亂，啊！Pierre 會不會感冒呢？

大叔幫我把 Pierre 拴好，跟他們家另外三頭毛驢在一起，其中大的是媽媽，一身黑毛白肚皮，加上兩頭頭上還長著茸毛的小毛驢。Pierre 看到母驢便使勁地鳴叫，叫過幾聲，除了在求偶之外，可能也是一種控訴，指責我在路上沒有給他帶上另一頭母驢。

坐著驢車走在鄉間綠樹成蔭的小徑上，分外寫意。

牧驢記趣

驢子可能是世界上最好色的動物之一，一年四季都在發情，特別是 Pierre，他跟我走在路上，很可能一個星期都見不著其他毛驢。有時在路面上有其他毛驢的糞便，他也會仔細地嗅很久，起初我會使勁拉他，不讓他嗅太久，免得耽誤行程。後來覺得他也應該有自己的權利，就讓他嗅個夠，現在我還能分出來他在嗅的是母驢的糞還是公驢的糞。我當然沒有跟 Pierre 一起去嗅，而是當 Pierre 嗅到母驢糞便的時候，會擺出一個色色的表情，反之，如果是公驢的糞，他嗅一嗅之後就會自己繼續走。要滿足 Pierre 的所有需求真的很難。

交換禮物

或許到了某年某月，孩子們都長大成人，而大叔也到花甲之年，他們一家人圍在火爐邊，突然翻到今日我替他們拍下的照片，繼而想到我這個趕著驢車，由遠方而來的客人……

大叔的家門前有一台鐵製手動壓水泵，可以抽取地下水，一家人的生活用水全都從這台機器中提取，大叔甚至會直接飲用地下水。掉落地表上的水會順著一條細小的渠道流走，一群鴨子呱呱叫著走來，埋頭在這條小渠道裡找蟲子吃，用土磚建成的房舍的旁邊有一個種上葡萄的木製籬笆，但因爲葡萄的收割季節剛剛才過去，籬笆上只剩下一縷縷葡萄藤葉而已。在籬笆之下，則擺滿了一堆碩大的西瓜，就算一家人一起吃，可能也要吃上兩個月才可以吃光。這似是大叔家自己所得的收成，看來有更多的西瓜已經放到市場上售賣。

維吾爾族大叔替我拴好 Pierre 之後，Pierre 照舊低頭吃玉米稈子，連正眼都沒有看過我們一下。大叔家有三個孩子，年紀最大的哥哥約十二歲，我猜年紀最小的妹妹也只不過五歲而已，孩子們的頭髮都呈棕色，讓我聯想起某些山區的貧困兒童，因爲長期營養不良，導致本來烏黑亮麗的頭髮，變成像乾稻草一般暗淡枯黃。不過按照大叔家的生活條件來看，雖然不是一戶富農，但他們家的經濟情況也不至於惡劣到這個地步，最起碼孩子們不愁溫飽。小孩子看到我這個坐著驢車而來的陌生客，好像顯得有點害羞。媽媽剛好外出，大叔邀請我到客廳坐下，接著他捧出一個大西瓜，放在桌上對半劈開，再用手掰開一瓣給我。

大叔將放在床頭的大箱子拿出來，箱子的造型設計就像《神鬼奇航》裡用來收藏黃金的寶箱一樣，大叔往寶箱裡用力吹了一下，積了多年的灰塵便散落在屋子裡。他從箱子裡拿出一些老照片，不知道是不是連小孩子們都沒看過，他們反應很快，轉眼間就圍過來一

大叔家裡的三位小孩子，小女孩長大之後一定會是一位美女。

每人都有一張大頭照。

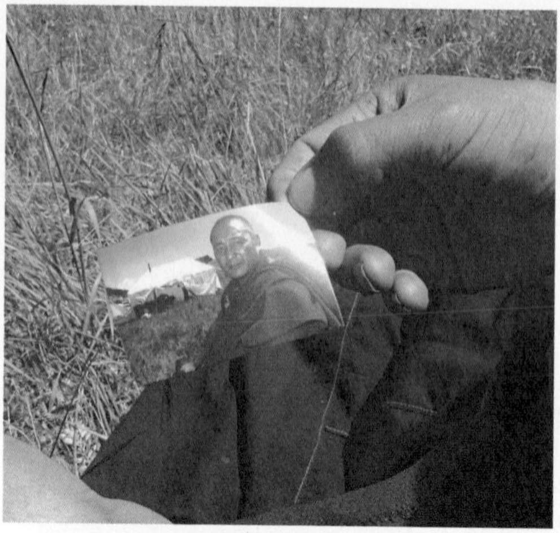

這是照片列印出來的效果。

起看照片。那些大多是大叔年輕時的一些照片，都已經掉色發黃，還有一些小孩子在幼年時所拍的證件照。

我突然想起，我旅行時會攜帶一台小型相片印表機（Photo Printer），可以即時將照片列印並送給當地人。我在驢車上翻出放在背包裡的相片印表機，接著幫他們一家人拍一幅大合照。當照片從相片印表機慢慢溜出來的時候，小孩子都激動地大笑，像看到魔術表演似的，之後我還幫他們一家人逐個拍大頭照。他們每個人拿到照片之後，都很珍視。

我知道，他們會很珍惜這份見面禮，或許到了某年某月，孩子們都長大成人，而大叔也到花甲之年，他們一家人圍在火爐邊，突然想到要緬懷往事，於是又拿出放在床頭的寶箱，翻到今日我替他們拍下的照片，繼而想到我這個趕著驢車，由遠方而來的客人，大叔說著我跟他相遇的故事，哈哈大笑……這也許會是他們送給我最好的禮物。

記得有次去到偏僻的藏區，幫那個村子的大人小朋友們拍下很多照片，那時我答應過他們會把照片寄回來。當我到拉薩，放下行李之

這是後來補拍的全家福，媽媽沒有大頭照，因為第一次拍照時媽媽剛巧不在家。

後，第一件事就是去沖曬照片，拿到照片後就立刻把照片寄出去，但那個地方接收不到電話，想進村子的話必須要走十個小時的山路，所以在旅行結束之後，我都沒辦法知道村民有否收到我的照片，這件事令我糾結了很久。我擔心我會成爲一個失格的旅人，只顧自己在旅途上能撈到什麼，而忘記自己對別人所做的承諾；這也是我帶上照片印表機一起旅行的原因。

我回到城裡，買了一些文具和糖果來送給大叔的孩子們，大叔從來沒有向我說過安置 Pierre 的費用一事。如果先說好了價錢，恐怕我也不會費錢費時去挑禮物，雖然比不上鈔票實際，但小孩子收到禮物之後，應該會很高興吧？看著大叔一家人拿到禮物後所展現的笑臉，又一次提醒我，純淨靈魂所需要的成分。其實，有幸遇上他們一家人，我所得到的，又豈止那幾包糖果和文具呢？

無處可逃

可以在晚上一邊看著 Pierre 悠然地吃草，一邊看著滿天星斗，眞是人生一大樂事。

記得出發那一天，整個拜城烏雲密布，陰沉沉的，也許是我的運氣不夠好，偏偏要選這一天出發，但既然下定決心要走，就要一鼓作氣。

我們慢慢離開拜城，經過一些周邊小鎮，前方的天空依然是黑壓壓的，還刮起大風，捲起沙塵，很多時候連眼睛都睜不開。於是，我做了可能是這輩子最英明的決定。之前我一直保留在鐵力買提隧道裡所撿來的黃色塑膠布，即使過了這麼久都沒有丟棄，我覺得現在可以派上用場。在還沒橫風橫雨之前，我先拆下篷子，用塑膠布蓋好驢車，車上有太多物品要防水，比如睡袋、衣服和　餅等，如果遭雨水沾濕的話實在麻煩。

沒過多久便下起雨來，加上風沙，路面能見度很低，樹枝都被強風吹得擺來擺去，沙沙作響，車子也得慢駛，以防撞上車尾釀成車禍。而我和 Pierre 也是頂著側風，一步一步勉強地走，當時我心裡只有一個念頭：我們要撐過去，越過這個烏雲帶之後天氣一定會瞬間轉晴，之前遇過太多次類似的狀況，天氣一下子便會轉晴。

老鄉的驢車跑得快，因為他們大多是跑短途。我聽說過舊日也會有毛驢可以用一天走上九十公里路，但今時不同往日，現在沒有土道讓畜力車上路。

又過了一陣子，天氣先生還是演同一個劇本，由下雨變成下冰雹，風刮得更厲害，可以媲美香港常見的熱帶颱風，最可恨的是，我的一頂草帽被吹飛了，像斷線風箏一樣往外飛，想撿也撿不到。這頂草帽是一個開拖拉機的老鄉送我的，雖然我跟他只有一面之緣，但我一直都好珍惜這頂草帽，我自認爲戴上這頂草帽之後，會顯得更像本地居民；而且沒有草帽遮擋，小冰雹打在臉上很痛。

幸好過了不久之後，冰雹又化成雨，但前方的路依然灰茫茫，而且愈往前走，灰色的深度就愈強，差不多成灰黑色了。原來前面不遠處是一個煤炭交易場，空地上堆放著大量煤炭，煤屑被吹得天花亂墜，一股又一股黑風橫掃在路上。我和 Pierre 都沒辦法，只好硬著頭皮穿過去，再繼續往前走。最終看到一個加油站，我以爲自己運氣夠好，可以歇息一下，於是我牽著 Pierre 走到加油站旁邊借個地方躲雨，但加油站職員卻以驢車不是汽車的理由，把我們趕走。遠眺四周仍是無瓦遮頭，我和 Pierre 只好繼續走在風雨之中。我雖然穿著雨衣，但整條褲子都濕透了，Pierre 當然更不用說。

離開加油站後，風勢明顯減弱了一些，但仍然可以看到雲層裡的閃電，這時 Pierre 竟然在沒有我趕他的情況下，主動奔走起來，我不禁在心裡讚歎：「Pierre！你好 Man 哦！」他頂著風雨一直跑，再經一輪風吹雨打之後，終於跑出雨帶，天色又慢慢轉晴，金黃色的太陽在雲層之間透露出動人的光輝，陽光恰巧照在 Pierre 那黑色的鬃毛上，反射出奇妙的光芒，這時候的 Pierre 眞是帥極了！

等到天朗氣清的時候，我才發現我的右方聳立著一排綿延數十里的雪山山脈，那應該是天山山脈的南麓，剛剛那一大片烏雲雨帶也是從天山而來的，天山的自然力量眞的不容忽視，只花了兩個小時就能把這一片大地上的所有人和物吹得東倒西歪。我們在艱辛過後，來到農田邊上的一片空地紮營休息，爲了讚揚 Pierre 的英勇表現，特別多餵他兩根胡蘿蔔（他最愛的食物）。可以在晚上一邊看著 Pierre 悠然地吃草，一邊看著滿天星斗，眞是人生一大樂事。

在拜城時專門為 Pierre 買的飼料桶，是用鐵線做支架再縫上布料製成的，夠柔軟容量也多，不用擔心 Pierre 會打翻飼料桶。

或許，有人想起你

除了為自己締造回憶，旅行也能讓自己在別人的心中留下記號。在遙遠的將來，遠方的天空下，說不定有個人會忽然想起你。這不是很感動嗎？

8

Pierre，主角是你

不管你走到哪裡，無論任何天氣，都要帶上自己的陽光。
——安東尼．安捷奴（Anthony J.D'Angelo）

驢車競走

很久都沒有試過投入在這種喧鬧的環境當中，如果在香港聽到這樣的噪音，我早已經發怒了，但現在跟老鄉們一起趕著驢車，卻像聽著趕巴扎的交響樂一樣。

我們愈來愈接近阿克蘇市，有一天我和 Pierre 如常悠然地走在白楊樹道上，往日的鄉間只會偶爾有幾輛驢車走過，但今天卻一反常態，從早上出發開始，源源不斷地有老鄉駕著驢車從後面趕上，都向著同一個方向走，到底今天有什麼喜慶事呢？

Pierre 很久都沒見過那麼多同伴，每次有驢車趕上來，走在 Pierre 前面的時候，Pierre 都會不甘示弱，突然發力，緊隨前面的驢屁股之後。但跟不了多久，便會收步維持本來的步速，我只能眼巴巴看著老鄉所趕的驢車慢慢遠去，所以每次有老鄉要超車時，我會特別興奮，因爲 Pierre 會加速跑得更快，雖然不能維持多久，但起碼可以積少成多。Pierre 是一頭跑長途的毛驢，不可以貪一時之快，應該在適當的時候保留體力。

另外，老鄉們個個都熱情奔放，超車時都會跟我打個招呼，爲我稍稍解悶。有的老鄉甚至會故意減速，跟在我們的車尾和我聊天，此舉雖然有趣，但會危及行車安全，而最令

從後趕上的驢車，Pierre，你可以跑快一點嗎？

我心酸的是，我習慣把乾草放在驢車的後面，老鄉的小毛驢跟在後面，可以一邊偷吃車尾上的乾草，一邊悠悠晃晃地跟著我們跑動，幾乎氣死我了。

路上的驢車多得幾乎占據了整條輔道，間接形成了一條驢車路，驢蹄聲和老鄉的趕驢聲不絕於耳，我們所有人、驢和車加起來就像一支浩浩蕩蕩的軍隊在搖旗吶喊似的，一路往前行進。有些焦急的老鄉略嫌車隊跑得太慢，大概想率先在巴扎裡占一席位，所以他們揮起長鞭（其實很多時候只是一根樹枝而已），驅使他們的毛驢從輔道朝左走上主幹道，毛驢一直向前狂奔，直至在車隊裡找到一個虛位鑽入為止。只要有一個巴郎子（維吾爾語，小夥子）有此浮躁的舉動，車隊裡便會再有幾個巴郎子效法領頭先行的毛驢車一

老鄉把羊擱在驢車上，拉去巴扎裡賣。我也應該要帶點什麼去巴扎賣才對。

老鄉看到有一輛大貨車在後面也敢超車，一失足就會人仰驢翻，真是藝高人膽大。

扶老攜幼，一家人簡單的幸福。

不只有驢車，還有騾車，但不見得比驢車跑得快多少。

起從後而上，一下子連主幹道都被占據，後面的汽車和機動車只好跟著慢駛，司機除了急躁地鳴喇叭，也別無他法。

很久都沒有試過投入在這種喧鬧的環境當中，如果在香港聽到這樣的噪音，我早已經發怒了，但現在跟老鄉們一起趕著驢車，卻像聽著趕巴扎的交響樂一樣。

我脫離了車隊，拐進一個村子裡去，打算找一家可以替驢車換輪組的小店（我的驢車的車胎經常出問題，我會另闢一節吐苦水）。我看到老闆正在忙於將不同尺寸和型號的輪胎載到電動三輪車上，還以為可以在這家小店裡買到全新的鋼圈和外胎，詢問過老闆後，才知道今天是星期四「巴扎日」，也就只有巴扎日，才可以讓方圓數十里的居民在同一天裡，趕著驢車馬車往同一個地方行進。

這裡的村民都叫我去趕巴扎，他們打趣地說巴扎裡除了雞奶之外，什麼亂七八糟的東西都有，到巴扎裡便自然可以買到我想要的東西。既然如此，我決定今天不再趕路，要駕著驢車跟老鄉一起趕巴扎，做一天實在地道的南疆人民。

Pierre 一天約勞動六個多小時，如果以工作時間來計算的話，這應該算是重役吧？但我不會一直趕他，要他跑得更快，從來都是讓 Pierre 隨著他自然的步伐而行。老鄉的毛驢卻沒有這個待遇了，牠們要拉上大量的農作物。通常驢車上都載滿了玉米稈子，有時候載貨量多得不可思議，我根本無法想像老鄉們怎麼可以把如此大量的貨物放到驢車上，而且又能達到平衡，我覺得有些驢車會像失去平衡的天秤一樣，將拉車的毛驢凌空懸吊起來。

老鄉的毛驢在幹活之後都會氣喘吁吁的，而且背上的毛髮也會被汗水沾濕，但 Pierre 從出發至今都沒有出現過這個情況，相反地當我每次卸下驢車之後，Pierre 都要向我討吃的。

Pierre 拉的驢車，載貨量比老鄉的要少得多。

Pierre 的巴扎日

維吾爾族人一生「驢來驢去」，但小毛驢卻從來沒有問過人們「爲什麼？」只留下牠天眞而悠長的鳴叫聲。

趕巴扎的地點位於佳木鄉，一個距離阿克蘇市不到五十公里的小鄉鎮，在巴扎的入口前有一片大空地，成了一個大型的停車場，不過停車場上沒有一輛現代化汽車，只有驢車和少量馬車，而且也不收取停車費，只要自己找到足夠的空間就可以隨便停車。

有些老鄉會把自己的驢車拴在白楊樹幹上，另一些老鄉則把毛驢繫在驢車上。這兩種做法我都不能仿效，如果把 Pierre 拴在樹幹上，只要我離開 Pierre 的視線範圍，他一定會去啃樹皮；把 Pierre 拴在驢車上的話會更麻煩，因爲我在驢車上擺放了很多 Pierre 愛吃的東西，平時，只要我稍不注意，Pierre 便會背著我去翻弄驢車，他早已經記得驢車是他的食物寶庫。讓 Pierre 太接近驢車的話，他一定會造反，說到底都是 Pierre 太貪吃！幸好還有別的方案，在空地上還有些木釘牢牢地插在地上，讓其他人可以把自己的毛驢拴住，這樣就可以儘量在空地上容納更多毛驢車，我也只好採用這個辦法拴住 Pierre 了。

另外，還可以把毛驢★帶到托驢所（我不知道當地人的說法，知道的請指點一下），像托兒所一樣，故名思義，就是會有專人看管你的毛驢，爲你的驢兒提供伙食，這樣看來，這個巴扎的配套設施也非常豐富。

還以爲隨著科技進步，趕驢車的人會愈來愈少，連帶托驢所這種副產業一同消失，沒想到像我這樣出生在黃昏末代的人，仍有機會見識一下舊時代的繁華，感受舊社會的生活，這怎麼都比超級市場門外，擠滿房車的停車場來得更有內涵。

我已經爲 **Pierre** 備草備糧，所以沒有把 **Pierre** 寄託在托驢所，我在空地上找了一根木釘，把韁繩釘穩之後，準備好飼料和水，好讓 **Pierre** 在這懶洋洋的日光下休息。**Pierre** 看到那麼多同伴就在附近，顯得很興奮，忍不住昂叫起來。**Pierre** 的叫聲未停，其他毛驢的叫聲又起，此起彼伏，**Pierre** 把整個氣氛炒得熱烘烘，像在迪斯可的舞池中，有位女郎突然跳上舞台大跳脫衣舞，台下人一定會起鬨一樣！

我用手臂輕撫著 **Pierre**，拍拍他的脖子，對他說：「**Pierre**，要乖乖的啊！拜拜啦！」我跟 **Pierre** 揮手道別，走進人山人海的巴扎裡去，除了要在巴扎湊熱鬧之外，最重要的是替驢車換上新的輪組，難得來到這裡，還要順便買上苞穀和胡蘿蔔。

巴扎裡的貨品琳琅滿目，幾乎什麼都有，小至一顆螺絲釘，大至一隻駱駝，總之，日

老鄉的毛驢都拴在白楊樹幹上。

這比起停一輛寶馬帥氣很多！

空地上的毛驢各自站在自己的崗位上，有的埋頭加餐，有的原地打盹

★阿Q旅語

據說在英國有一頭長壽的老毛驢，牠已經五十四歲了（但願在我寫這句話的時候，牠還活在人世），一頭健康的毛驢也能活到三十歲，足以伴隨一代人成長。而我發現維吾爾族人的生活確實離不開毛驢，若以漢族的眼光去看維吾爾族人的生肖的話，他們肯定是屬驢的。

驢奶的營養成分與人奶極爲相似，所以在純樸的鄉間曾有老鄉以驢奶育嬰，年輕的小巴郎和小克孜（女孩）爭相騎到毛驢的背上取樂，成爲了他們童年時代的美好回憶。轉眼間，小孩們個個茁壯成長，男的牛高馬大，女的亭亭玉立，且兩小無猜，兩情相悅，雙方父母登門相親，小夥子在吹鼓小樂隊的伴奏下，坐著掛彩的驢車，迎接在娘家等待的妻子，待阿訇（伊斯蘭教神職人員）主持儀式過後，終於結爲夫婦。接著又取下驢車上的掛彩，載上自家田裡收割得來的農作物和兩隻小羊，兩夫婦一起趕巴扎去。晃眼十年，家族裡的老成員終於等到真主召喚，阿訇總是忙忙碌碌的，又前來唸經，替「埋體」淨過身，裹上白布之後，放到「埋體匣子」裡，便擱在驢車上，運到肅然的「麻扎」（穆斯林的墓園），走上人生最後一段路程，最後老成員頭向阿拉，終於入土爲安。

維吾爾族人一生「驢來驢去」，但小毛驢卻從來沒有問過人們「爲什麼？」，只留下牠天真而悠長的鳴叫聲。

熱鬧的巴扎，什麼貨品全都應有盡有。

專賣輪胎和驢車配件的小地攤與擺攤的老人。

常雜貨（包括二手家庭電器），或是農副產品，全都應有盡有，一應俱全，印證了那個維吾爾族老鄉的話，只是找不到雞奶而已。

我首先找到一個專賣輪胎和配件的小地攤，只有一個老者守在這裡，原以爲接下來的交流會相當困難，沒想到他是老共產黨員，所以他在維吾爾族老者中漢語講得還算不錯，很快便知道我所需要的輪胎型號，安排了他的兒子幫我去換裝新輪組。雖然之後到喀什的路大約只有五百公里，但爲了 Pierre 拉車可以更順暢，我也可以節省許多麻煩，這四百塊錢，終歸還是要乖乖地掏出來。

我擔心頑皮的小巴郎會來戲弄我們家的 Pierre，因爲我的驢車實在太出衆，別人家的驢車都是用木頭做的，而且不曾見過老鄉會在驢車上安裝一個篷子，幸好 Pierre 停在巴扎門口沒多遠的地方，一眼就能看到。在等待老者的兒子到來期間，我鑽到巴扎裡的菜市買了十五公斤胡蘿蔔，扛著這一大袋胡蘿蔔走到巴扎外，找到專賣苞穀的幾個商販，秤了二十公斤苞穀，最後一口氣把三十五公斤糧草搬到驢車上，幾乎把我累死。

休息一會兒過後，才返回老者的地攤前，等到他兒子回來，便帶他去停車場替我的驢車換裝輪組。Pierre 依然把頭埋在飼料桶裡，沒過一會兒，他便把輪組換好，我將驢車上的行李翻出來，再逐一擺好，讓行李的重量分布均勻並且集中在輪組上，這樣 Pierre 在拉車

看守驢車的小巴郎。

好可愛的小毛驢 baby。

時能更輕鬆一些。

我牽著 Pierre 回到柏油路上，繼續往阿克蘇前進，那時剛好也是巴扎快要結束的時候，人潮慢慢退去，我猛然發覺，如果我是一個遊客，包車由阿克蘇來這裡看巴扎，拍過幾張感覺良好的照片後，便坐著四輪車返城的話，那將是多麼沒意思的一件事。這時候老鄉們跟我一樣趕著驢車，踏上歸途。我們唯一不同的是，我的目的地是遠在西方的喀什市而已。小路上的驢車如魚貫注，我是因 Pierre 而有幸成爲其中一條小魚，沉浸在萬千驢蹄發出的「噠噠」聲裡。

輪胎二三事

即使帶上備用的內外胎，也絕對比不上更換自行車的內胎方便。驢車沒有輪組的快拆功能，要換驢車的內胎，必須要把驢車靠路邊停下，解開車套，讓 Pierre 暫時吃草休息，而我自己則要找上幾塊大石頭，墊在車底下的中軸，再把車架起，壓在疊起來的石頭上，輪胎便可以凌空轉動。

好了，第一個難題已經來到。首先，找來的石頭要夠平，這樣石頭才可以疊起來，而且疊起來的時候，石頭與石頭之間的虛位不能太多，否則受力時會搖動，驢車一壓下去便會垮掉，有時候花上一個小時都不一定能找到合乎條件的石頭，即使找齊石頭，疊起來也不晃晃擺擺，但把驢車抬起壓在石頭上，也不是一次就能做得到的，因為我只能憑一己之力，Pierre 絕對不會幫我。我的驢車是用鐵支架造成的，比老鄉一般用的木頭車重得多，把驢車抬高已經不容易，而且在看不見地上疊起來的石頭的情況下，要把驢車抬起來壓在石頭上，是一件十分困難的事，如果不小心把石頭推倒，之前所做的功夫便會白費，只得重來。

還有一個方法，把驢車所載的東西都清空，接著把驢車翻轉，兩輪朝天。這樣的方法我只用過一次，後來再也沒用過，因為要一個人把笨重的驢車翻來翻去，可想而知有多累人。

幾經辛苦把驢車架起來之後，便要掏出所有換胎工具，流程其實跟換自行車的內胎也差不多，不過要痛苦許多。要把外胎撬出，再將內胎取出來，這兩個步驟還算容易過關，但接著就是一個魔鬼般的過程：找一條新的內胎，將氣嘴塞進鋼圈裡，看起來簡單，但該死的外胎每次掰起來，便會塞住鋼圈的圓孔！即使用小刀切走塞住圓孔的部分（光是切輪胎這部分已經可以累死人，你試想，用小刀切開堅硬的輪胎膠，我要瘋了），也要重複著又掰又塞的動作很多次，才可以把氣嘴塞到圓孔裡，然後你會發現質量參差的內胎經不起這樣的折磨，已經爛掉，我又要重新再做一次以上提及的工作……

最後要把外胎塞進鋼圈裡，但不知道誰設計的一個外胎，雖然用橡膠製造，但一點彈性都沒有！把半個外胎塞進鋼圈裡後，我基本上不能相信整個外胎都能塞進鋼圈裡面去，費盡九牛二虎之力，一點一點地，大約每一下一釐米的進度，用盡全身氣力才能把外胎完整地套在鋼圈上。

即使是慣了趕驢車的老鄉，換胎也十分費勁，我曾經試過跑到修理摩托車的店裡求助，在場有三個老鄉願意幫忙，店裡也可以借到工具，最後到了套外胎的步驟，竟然要動用三個大男人加上我一個小男人才可以完成。打上氣之後，跟幾個老鄉握手道謝，我連頭都還沒轉過來，便聽到輪胎發出「噗」的一聲，剛剛才弄好的輪胎，都還沒拉車就爆了，是怎麼回事呢？

老鄉幫我細心檢查，發現原來是因為鋼絲變形，甚至有些鋼絲插出鋼圈外，直接把內胎刺爆，而且鋼絲現在受力不均，走的時間愈長，鋼絲變形會愈嚴重，爆胎的機會也愈來愈高。我記起之前從鐵力買提下山，連夜趕路，而且走了一段非常坎坷的路，在黑夜裡我又不知道已經爆胎，沒有及時換胎，相信在那時候鋼絲已經開始變形，隨著走的路更遠，鋼絲變形的問題便更嚴重，直至到達阿克蘇市之前，趕著驢車到佳木鄉巴扎裡把整個輪組都換掉，才可以重新過上好日子，不用怕隨時爆胎，擔驚受怕。

快門與記憶

現在拍照實在太容易，去一趟短途旅行可以拍上千張照片，
但按下一千次快門，是否就能將所見所聞印在腦海？

9

浩瀚無邊的戈壁荒漠

知足是天然的財富，奢侈是人為的貧窮。
——蘇格拉底（Socrates）

踏入戈壁灘

Pierre，如果你不介意聽著我在驢車上哼出五音不全的小曲，我希望我們能像古時西域旅人一樣，一直行走在無邊無垠的戈壁大漠裡。

一如既往，在進入阿克蘇城區之前，我將 Pierre 寄養在維吾爾族老鄉的家裡，讓我們都好好休息兩天。這次，這個寄養家庭開宗明義要收費，起初已經談好了寄養費是兩天一百塊錢，但當我將個人行李收執出來之後，屋主竟然出爾反爾，要收取一天一百塊錢的寄養費，我見天色開始昏暗，不便再找下一個寄養家庭，只好繼續跟他在價格上糾纏不休，直到屋主的哥哥前來，跟屋主說了幾句話之後，屋主才回心轉意，履行當初的口頭協議。這難免令我對屋主留下不良的印象。

然後，我乘搭公交車進城，愈進入城區，愈多高樓大廈，而且我發現這裡有很多大型酒店，街道上燈火通明，有些在街上行走的維吾爾族女人打扮得很時尚，我覺得阿克蘇很繁華，而城市的建設和內地城市一樣，像一個模子倒出來的，除了阿克蘇蘋果和維吾爾族人較多之外，我沒看到有什麼南疆特色。

Pierre，我在開玩笑而已，我怎可能會在半路上丟棄你？別認真……

面向鏡頭的那位大叔就是屋主的哥哥。多虧他幫忙勸服屋主，不然我便要摸黑為 Pierre 另覓寄養家庭。

我躺在旅館的軟床上，翻開了地圖，那是我離開庫爾勒之前，旅館一位客人送給我的禮物。紙製的地圖冊經不起風吹雨打，已經熔爛不堪，幸好顯示喀什地區的那一部分並沒有爛掉，用指頭約略比劃了一下，感覺阿克蘇距離喀什也沒有多遠，地圖上顯示出 314 國道將會貫穿一大片淡黃色的區域，那應該是蒙古人眼中，草木不生和杳無人煙的戈壁灘吧！

地圖上也標明，每走一百多公里的路就有一個小鎮，相信可以補給水和糧食，看來沒有想像中可怕，問題在於不知道戈壁灘裡的小鎮到底有沒有農業活動。如果有的話，Pierre 的日常飲食也可以解決，但在不確定的情況下，只好多帶點胡蘿蔔和苞穀。我知道，只要一次計算錯誤，就會讓 Pierre 渴死或餓死於戈壁灘之中，我反倒輕鬆得多，如果 Pierre 真的出事，我只要在公路上攔上去喀什的車，便能舒舒服服地到喀什去。

時至秋天，戈壁灘吹著冷颼颼的風，我的雙手被凍僵了，加上沙漠極乾燥的氣候，手掌和手背的表皮開始龜裂出血，活

塔河景致

像一個八旬老人的手，而 Pierre 拉著車，全靠自己的氣力，一步三蹄地丈量著這片黃褐色的土地，由於 Pierre 一直在運動，身體還是暖暖的，有時候我坐在驢車上，會把雙手放在他那毛茸茸的背上取暖。此刻，凜烈的寒風之中，我沒有誰可以依靠，只有孩子氣長不大熟不透的 Pierre 陪伴在我身旁。

Pierre，如果你不介意聽著我在驢車上哼出五音不全的小曲，我希望我們能像古時西域旅人一樣，一直行走在無邊無垠的戈壁大漠裡。

阿恰的小鐵匠

我爲我的虛僞感到羞恥，他們點過頭就算數，信守承諾，心靈比我這個城市人乾淨得多。

阿克買提是阿恰鄉裡一個鐵匠的兒子，家族的打鐵手藝都是代代相傳的，他的爺爺，甚至是爺爺的父親，爺爺的父親的父親，都以打鐵維生，所以阿克買提也順理成章成爲一個鐵匠。

我是先認識阿克買提的父親的。在我到阿恰鄉的前一天，發現Pierre的鐵掌已經磨蝕得很光滑了，而Pierre也出現了跛腳的情況，需要釘上新的鐵掌，於是我便牽著Pierre一起走，趕了三十多公里路來到阿恰鄉找釘掌師傅，但剛巧鎮上唯一一個釘掌師傅已經到阿克蘇去了，要等到明日傍晚才返家。再三細問之下，老鄉告知在鄉間裡也有一位釘掌師傅，在阿恰鄉的一大隊二小隊★。

我去過新疆的鄉間好幾次，每次說到多少大隊小隊的地方，大多數都很難找到，九

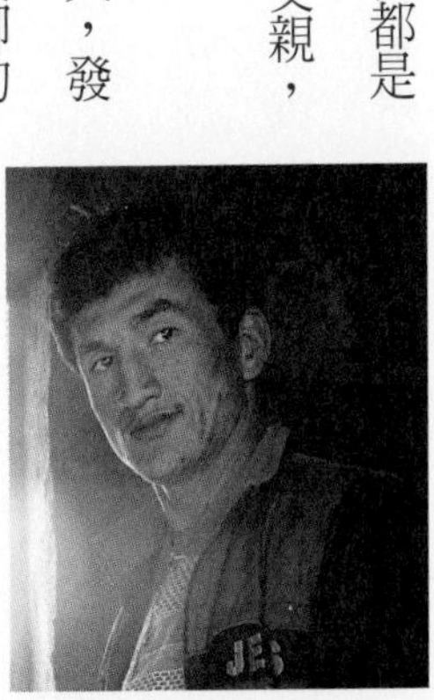

外表老成的阿克買提。

★阿Q旅語

所謂的「一大隊二小隊」，是生產隊的編號。在國營農場中，生產隊是勞動組織的基本單位。新疆鄉間地區仍然使用「大隊小隊」來標示地址，指過往生產隊工作的地方。

老鄉們在碰面的時候總會聊上幾句。

曲十八彎的鄉間小路總會把我弄得頭昏腦脹。幾經周折，路在口邊，終於找到釘掌師傅的家。門前空地上有一個木架子，專門用來拴上毛驢以釘掌，但坐在門口的一個老人卻說這裡沒有人釘掌。我看著Pierre吃草，他一直都只用右前蹄尖踏在地上，感覺好像會有一枝刺針隨時從他蹄下插進去一樣。我的心立即焦急起來，但卻束手無策，只好輕輕地摸著他時而無力和微曲的小腿，也許這樣可以安慰Pierre。Pierre用他的鼻頭推了我幾次，我溫柔地對他說：「Pierre，稍安勿躁，幫你換上新鞋子之後，你會像從前一樣健步如飛，可以在金黃色的田野上你追我逐。」

我沒有放過任何一個機會，只要有路人經過，我都會問幾句，還有哪裡可以為Pierre釘掌。不過不幸的是，每一個人的答案都是「不知道」，直到

多得這幾個頑皮的小孩，增加了 Pierre 的負擔，但我覺得 Pierre 心地善良，應該不會介意。

一個開摩托車的老鄉路過，大概是注意到我和 Pierre 一致而又無助的眼神，他主動停下來，當知道我要爲 Pierre 找鐵掌，更義不容辭地，話也沒多說一句，叫我騎上他的摩托車，帶我找釘掌師傅。

來到一座大宅院前，門外圍著了很多村民，熱心的老鄉停下了摩托車，走進人群裡，沒多久，拉著一個男人走出來，這人頭上戴著一頂穆斯林小綠帽，身材瘦小，鼻高臉尖，笑起來眼睛快瞇成一條線。他就是那位釘掌師傅，也是阿克買提的父親。

我又坐著那位老鄉的摩托車回到 Pierre 身邊，跟熱心的老鄉道別之後，便牽著 Pierre 沿原路走到大宅院，阿克買提的父親已經在等我，他漢語不靈光，用手比劃表示要我跟著其他人走，他先開摩托車回家。就這樣我和 Pierre，連同幾個婦女一起走在鄉間小道上，婦女們抱起她的孩子，讓小孩坐上驢車，我知道 Pierre 不會介意多馱上幾個小孩，只要在驢車上的人都擁有純潔善良的心，Pierre 都會樂意又奮力去拉動驢車。

牽著 Pierre 來到阿克買提的家，他在門口等著我，而他的父親則在屋子裡。門內傳出叮叮噹噹的打鐵聲，附近鄰居的小孩也過來湊熱鬧，大人們問我家在什麼地方，我回答說：「香港。」他們似懂非懂地點著頭，突然又好像恍然大悟，表情一變，又說：「好遠！」老鄉們其實也跟小孩子一樣，內心潔淨清明，喜怒哀樂都會掛在臉上，欺騙不了自己，也瞞不過別人。

阿克買提幫我把 Pierre 拴好，請我進去。他推開大門，眼前就是一個打鐵的工作間，需要穿過工作間才是居室範圍，當時阿克買提的父親正在打鐵，一個老鄉坐在鐵匠爐旁，抱著雙腿，在等候鐵匠修好他的鐵犁耙。阿克買提見狀趕緊去幫忙打鐵，他們父子二人站在一個坑裡，大約只到他們膝蓋左右的深度，父親開動了火爐，傳來馬達高速運轉的聲音，爐子裡的煤立刻燃燒起來。接著他父親隨手在地上撿了一根鐵棍，將部分鐵棍丟進火爐裡燒紅，兒子拿著大錘作勢準備，然後父親和兒子很有默契地你一打我一捶，梅花間竹，有條不紊，把鐵枝打成他們心裡一早預想好的形狀，接上鐵犁耙，馬上就修好。老鄉拿起鐵犁耙翻一翻，滿意地笑一笑，付過費用便回家去，只留下剛剛有節奏而清脆的打鐵聲，在屋子裡盤旋著而慢慢散去。

接下來便要把 Pierre 的鐵掌打出來，他們只需要一塊厚鐵板，也是利用之前加熱捶打的方式，再配上一塊特製的鐵匠石，就可以隨心所欲地打出不同形狀的鐵器。他們一敲一打，很快打出一塊小彎鐵，我知道那是Pierre要用的蹄鐵，接著幾下敲擊又打出幾顆鐵釘，就這樣一套釘掌需要的材料，花不上一個小時便從無到有。阿克買提急著要跟我聊天，已經放下鐵錘，轉過頭來，他的父親則仔細地檢查每一個成品，有時還會聽到他用小錘補打幾下。

手工活總是這樣，每每可以更準更精細，像印度人的雕刻、波斯人的地毯，也都是嘔心瀝血、花長時間來完成的作品。別小看鐵匠的工作，一把鋤頭看似結構簡單，也許用機器倒模，花不了兩分鐘工夫就能砌出一個合規格的鋤頭，但一個好鐵匠，可以按用家的習

等修犁耙的老人。

阿克買提的父親利用加熱捶打的方式，做出不同的鐵器來。

慣和使用方式，打出一個最適合而又舉世無雙的鋤頭；機器只懂得規格化和量產化。我們甚至可以順著錘打聲，那長年累月、由祖宗一代代傳下來的手藝，聽出老鐵匠的故事，我只希望再過千年百年，鐵匠們的叮叮噹噹的錘聲，仍然可以繼續流傳在鄉間民居裡。

準備好蹄鐵和鐵釘後，我們把 Pierre 拴在一棵樹上，準備幫他釘上新的鐵掌。Pierre 可能已經習慣釘掌的感覺，看他神態自若，幾乎可以一邊叼著胡蘿蔔，一邊翹起腳讓我們釘鐵掌，回想起第一天帶他去釘掌的時候，生怕師傅打的釘會打穿蹄甲傷及 Pierre，我也眞是太杞人憂天啊！

Pierre 在釘掌時動彈不得，但依然乖乖聽話。

釘過鐵掌之後，當然要付錢，我問阿克買提應該要付多少錢，他說五十塊錢，我第一反應是覺得有點貴，第一次爲 Pierre 釘掌也不過二十塊錢而已。於是我回價說三十塊錢，沒想到他們又很爽快地答應。但忽然又覺得，剛剛他們兩父子自己親手把蹄鐵打出來，再幫忙釘上鐵掌，全套服務一條龍，我竟然要還價，實在太小器了啊！

我在心裡責罵自己，連忙再掏出五十塊錢，兩張二十塊，一張十塊，阿克買提不發一語，只從我手中拿走三十塊錢，我把另外的二十塊錢也塞給他，他硬是不要，他父親也盯著阿克買提，一直在甩手搖頭。我爲我的虛僞感到羞恥，他們點過頭就算數，信守承諾，心靈比我這個城市人乾淨得多，爲什麼我們總是秒秒算計自己的得失，衡量他人的動機？滿腹疑心之論，會比他們父子活得開心嗎？

忙碌過後，原來不知不覺已經時至黃昏，阿克買提邀請我在他家暫住一日，當然也邀請了**Pierre**。他家也養了一頭公毛驢，別以爲他們可以相處得很好，**Pierre**今晚可以有個伴，其實兩頭公驢湊在一起，一定會打架，我牽**Pierre**進院子的時候，他家的毛驢已經走到圍

阿克買提的雙親和妹妹。

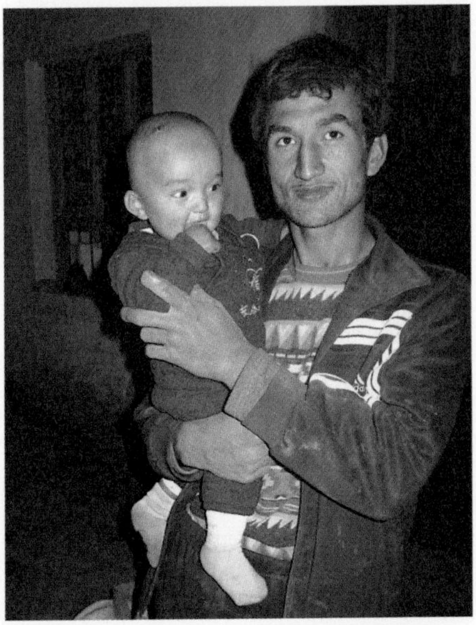

阿克買提與他的寶貝兒子。嬰兒的衣服繡上「長命百歲」四個字，這麼小一個人兒就被給予這個期望，是否早了一些？

欄前等著，並且雙眼緊盯著 Pierre，鼻子裡發出低沉的喘鳴聲，好像隨時可以開始打鬥。Pierre 也想衝過去，我緊握著韁繩，一直往下拉，好讓 Pierre 冷靜下來。

阿克買提眼見形勢不對，便把他家的毛驢拉到驢圈裡去，再讓 Pierre 到圍欄裡去，幸好那裡有三頭牛，還有十多隻羊，雖然是不同物種，但總算有個伴吧！

晚上跟他們一家人吃著自家拌麵，聚在一個房間裡才知道，他們家是四代同堂，阿克買提已經有一個兒子了，而他祖父還是健健康康的。我看他祖父的外貌，頂多也就是六十多歲而已，卻沒想到阿克買提看起來很老成，其實才只有二十歲，讓我大跌眼鏡，因爲我一直都覺得他的年紀比我大。

他們一家人盡顯好客之道，我也要報答他們的熱情，還是那一招老套招數，就是取出照相機和照片印表機，爲他們一家人送上照片。看到他們手上拿著相片時的笑臉，我覺得人與人之間的緣分真的很奇妙，鄉間裡有千戶百戶，爲何會落腳在他們家？我感謝真主的安排，也感激他們一家，在寒冷的戈壁灘裡，送給我真誠溫暖的一個夜晚。

妹妹與她的鄰居朋友，這張照片我特意印兩份，好讓她們各人保管一張，友誼一直長存下去。

我的牧歌

只要 Pierre 不累壞，不管什麼代價都可以付出。

早上起來，吃過饢餅當早餐之後，小孩子們已經在園子裡追逐，玩得不亦樂乎。我記得驢車上有半包旺旺小饅頭，決定拿出來請小朋友們吃。其實我從不會在旅行的時候，無緣無故地向小朋友大派糖果，我不希望在小朋友純淨的心靈上播下貪婪的種子，學會不勞而獲。每當我想起藏區裡某些旅遊景點裡，一些小孩只管伸手要錢的時候，便會感到非常難過，不過這裡不是旅遊景點，相信不會有太多外來遊客到訪。

當我把零食分發給小朋友的時候，他們顯得非常高興，甚至有小朋友想要搶別人手中的零食，有些零食因而掉落在髒兮兮的地上。地上有很多垃圾，但他們竟然會蹲下來，把每顆掉落的小饅頭撿回來，並珍而重之地吹走上面的沙粒，再放進口裡。我沒想到，一粒小饅頭會受到這樣的重視。

站在我旁邊的阿克買提突然對我說，希望我能再多住一天，我看到 Pierre 也好像和牛大哥們相處融洽，所以決定多待一天，讓 Pierre 有充足的休息。只要 Pierre 不累壞，不管什麼代價都可以付出。

阿克買提吃過早餐後便忙個不停，雖然我什麼都不懂，但仍然提出幫忙幹點農活，起碼可以做一些粗重但低技術的工作，他欣然接受。地上鋪滿早前收割回來的玉米稈子，玉米還沒摘下來。我把每一根玉米都採摘下來，雖然這些都不是我的心血收成，但當我看到玉米能裝滿幾個大盆子的時候，竟感到前所未有的滿足。後來，阿克買提坐上拖拉機，踩踏油門，發動機轟轟作響，他還拿起兩把鐮刀，說我們要爲 Pierre 再多收割一些玉米稈子。

我們坐著拖拉機，搖搖晃晃地開到他們家那廣闊的玉米田去，如果只是我們兩個人，只有一天時間用鐮刀把全部玉米稈收割下來，那是不可能的任務。雖然我從來沒有做過收割工作，但感覺還好，沒有比阿克買提慢多少。我們一手抓住玉米稈子的莖部，「咔嚓」一聲割倒，丟在地上堆成一團一團的，我與阿克買提都是年輕人，好勝心強，我見他收割得比我快的時候，我會趕緊力追，他見我追了上來，也會落力保持優勢，不讓我超前。

孩子，但願你們懂得珍惜生命裡的一切，就像珍惜那掉落的小饅頭一樣。

驢車和拖拉機，象徵著農村的兩代發展。

我們收割得差不多了，便抱起一大把往拖拉機上扔。彎腰太久有點疫痛，看來我還是要多磨練一下。然後，我們又坐著拖拉機，滿載而歸，在田野中的小徑，穿過玉米地和棉花田回家去。那天一切都非常完美，只欠阿克買提的歌聲替我們錦上添花而已。

我在香港出生長大，開始熱愛旅行之前，雙腳都沒有踏上過農地，只是偶爾坐車經過新界農村，隔著車窗幻想一個農民是怎樣過他的日子。我喜歡過簡單的日子，喜歡簡樸的原始生活，羨慕農民可以日出而作，日入而息，埋首在寧靜而又辛勞的工作裡，從而遠離由城市生活所養成的偏見，找回原本就屬於自己的樸實靈魂，對迎面而來不相識的路人微笑，藉此懷著喜悅來迎接每一個日落，投入美好充實的睡眠……這是我對理想生活的追求，也是我認爲幸福所包含的元素。

阿克買提的迷思

我們都是世上俗人，怎麼樣都逃不過做俗事、說俗話，做大事或是做小事也有它自身的價值。

臨別前的一晚，阿克買提要帶我去看表演，但我已經在白天忙了一整天，希望可以在出發之前多休息，雖然多番婉拒，但最終實在是盛情難卻，還是穿上外套，坐上摩托車後座疾馳而去。

來到一個小操場，表演已經開始，在場可以聽到有表演者在演奏新疆維吾爾族音樂，其實那裡只是一塊空地，觀眾圍繞著表演者，擠滿一圈人，我和阿克買提好不容易才找到一個比較高的位置，看看圈內的表演到底是怎麼一回事。我看到只有三個表演者，坐在木椅子上，拿著維吾爾人的樂器彈唱民族音樂。

阿克買提說：「坐在中間的那個人所玩的是都塔爾。」

「那另外那一男一女手上的是什麼樂器？」我問。阿克買提縮起雙肩，訕訕地一笑，簡單地說了三個字「不知道」。隨後又來了一個男人在空地的中心表演，一直在講話，有點像黃子華的「棟篤笑」（即英文「stand-up comedy」，在大陸也叫單口喜劇）。因爲他每講幾句，觀眾的笑聲便會接著傳來，有時還有熱烈的掌聲，好像很逗人開心。當時在場的就也許只有我一個漢人，也就是說只有我一個人沒聽懂，阿克買提的漢語也不至於可以跟我即時翻譯，我很快就覺得無聊沒趣。

突然有人從背後拉我的衣尾，轉過頭來沒看到有人，嚇我一跳，再往下看，原來是阿

類似「棟篤笑」的表演。

坐在中間的樂手所彈奏的是都塔爾，屬彈弦樂器，圖左方的是薩它爾，屬三弦樂器，而圖右方的是艾捷克，屬弓弦樂器。

克買提的妹妹在作怪，他們一家人也坐著電動三輪車來看表演。我那時在回想，我跟家人在什麼時候一起去看過電影？還是根本從來都沒有？

阿克買提看到我在發呆，主動提出回家休息。我跟他睡在一個房間裡，關燈後黑得伸手不見五指。「睡著了嗎？」阿克買提問，我說還沒有。過了一會兒，他又問一個問題，我也是重複同一個答案，如是者他問過三次同樣的問題，我意識到他可能睡不著，想跟我談心，幸好他的漢語程度不算差，不然我會假裝睡著。

「你喜歡打鐵嗎？」不知道爲什麼我會突然想到這個問題。

「不喜歡，又髒，又累，賺錢也少。」他說。

「那爲什麼你不繼續讀書，以後到烏魯木齊工作？」我記得他說過他家裡有棉花田，最近在招募工人摘棉花，每個工人的工錢一天要付一百五十塊，我覺得他家裡應該不算窮，也許會有別的出路。

「不行，我父親要我學打鐵，因爲我爺爺也是打鐵的。」他如此答道。

「那是不是你兒子將來也要學打鐵？」我又問。我覺得他不只爺爺是鐵匠，有可能太爺，甚至是十代老祖宗也是鐵匠。

「我不想他去打鐵，我想他以後上大學，也許我可以給錢他去做生意。」在漆黑中我看不見他的表情，但聽得出他愣了一下才回答這個問題。

也許阿克買提的父親，在他年華正盛的時候，也曾經跟一個老朋友，說過同一番話，但最終阿克買提還是要拿起沉重的鐵錘，當一個鐵匠，這是他家族的命運嗎？我不知道阿克買提會不會忘記今天說過的話，硬要他兒子學打鐵手藝，我只知道，我們都是世上俗人，怎麼樣都逃不過做俗事、說俗話，做大事或是做小事也有它自身的價值。阿克買提的老祖宗能靠一個鐵錘，把家族延續到阿克買提這一輩人，而且有田有地有拖拉機，已經比很多人活得好，最起碼不愁衣食。只是有時候我看你農村生活愜意，你看我城市夜色燦爛而已，反正也是勞碌一生，我有時候也想跟阿克買提調換身分，老老實實地當一個鐵匠，簡單地與家人活下去，總好過要出外應酬，硬著頭皮地聽著別人信口胡謅。

其實到我們垂垂老去的時候，也許一切都不再重要，自然大事化小，小事化無，讓紅塵隨風逝去。

新疆監獄

獄警們認爲他一定會死在戈壁灘裡，就算能活著離開，也會吃上無法想像到的苦頭，這樣的人出來之後也不會行惡了，所以也無謂追捕，任由他走命運安排的路。

告別過阿克買提一家，離開阿恰鄉之後，人煙更稀少，我們繼續在314國道上行進，四周依然是戈壁灘一成不變的景色，只能看到幾種生長在戈壁灘裡的植物。在黃土之上繁殖得最茂盛的是駱駝刺和紅柳，聽說在春天時，紅柳的嫩枝是一種良藥，可以緩和因風濕病所引起的疼痛，有時在乾燥得龜裂的地表上，會生長出像小珊瑚般的光棍樹，而在有少量水分的地方，還會長出一小片蘆葦叢呢。仔細看來戈壁灘也不是太荒蕪，但可恨的是，除了蘆葦之外，Pierre對大部分活在戈壁灘上的植物都提不起食慾，而能看到蘆葦的機率又實在太低了。

我們與南疆線的鐵道並列而行，這兩天的天氣陰沉，太陽整天都沒有露面，使得本來顏色單一的戈壁景色更爲暗淡，這樣的景色令我納悶起來。忽然，一塊佇立在道路旁邊，鮮藍色的指示牌吸引了我的注意，上面寫著「巴楚監獄26KM」，我當然沒有拐進通往監

偶然一遇蘆葦叢。Pierre，你就別這麼挑好不好？

獄的道路上去，因為這一來一回要走上五十公里，肯定要第二天才可以回到原點，更何況他們也不會歡迎無關人士來參觀。

我並不了解新疆的監獄，只有一次道聽塗說，知道一個有關新疆監獄的故事。那是我在第一次坐火車到烏魯木齊的時候，從其他乘客口中聽來的，要知道坐長途火車（五十多個小時呢！）有時也難免會覺得鬱悶，總有些人會找其他乘客談天說地，打發一下時間。有一次我也加入了乘客們的龍門陣裡，裡面有一個胖子經常對我們講述一些新疆的人文風貌，後來話題突然講到有關新疆監獄的一件事。

「我有一個朋友（這些故事通常都不是講述者的親身經歷），因遭惡人陷害，需要在位於新疆的監獄裡服刑三十年，囚犯們日日夜夜都要在勞改農場上辛勞工作，有些囚犯會拉幫結派，藉此欺壓其他新來的囚犯，當然他們的欺負對象也包括我朋友。」

胖子在下鋪車廂開始講故事，當時在上鋪有兩個乘客正躺著，也見二人跳下來跟我們一起洗耳恭聽。「他因爲勞改工作而筋疲力盡，有時還會受到其他囚犯毒打和排斥，每天都想著要逃離這個生不如死的境地，繼而泛起了越獄的念頭，但無奈地，因爲這座監獄落在戈壁灘的正中心，而且四野無人，即使能逃出監獄，也會因迷失方向而困在乾旱的荒漠裡，最後的下場只會是活活渴死。」胖子繼續說。

我當時聽到這裡，聯想到很多有關監獄生活的電影，腦海裡呈現出經典電影《刺激1995》的幾個鏡頭。（我承認我思想汙穢，想到了主角提姆．羅賓斯（Tim Robbins）在浴室被逼彎腰撿肥皂，然後其他囚犯群起而上的鏡頭。）

「一日復一日，不知道過了多少個年頭，反正又到了炎熱的夏天，這時是瓜果收割的季節，勞改農場裡的工作也就特別繁重。我朋友連同其他囚犯被派往一片栽種西瓜的農田，採摘西瓜，在這個時候西瓜已經熟透了，我朋友看到這些色澤圓潤的西瓜時不禁忽發奇想，他認爲它們能協助自己逃跑，裡面的水分足夠讓他橫越戈壁灘。」胖子講故事的技巧很到家，七情上臉，讓我以爲他在分享親身經歷。

「趁著獄警鬆懈的一瞬間，左右手各抱起一個西瓜便拔足狂奔，我朋友知道自己已經

戈壁灘上的「麻扎」（穆斯林的墓園），是否顯得特別孤高肅穆？

被那個獄警發現，但奇怪的是獄警並沒有追上來，也沒有吹哨子找來同袍協助追捕，只是眼睜睜地看著他逃走，當然他也沒顧慮那麼多，只管全力地跑，最終靠著這兩個西瓜，在戈壁灘上走了四日三夜，來到一個小鄉村，成功逃離了牢獄的非人生活。」胖子繪聲繪影地把故事說完。

聽完這個故事之後，我向胖子提出了一個疑問：「爲什麼那個獄警沒有追捕你的朋友呢？」他的解釋是，獄警們認爲他的朋友一定會死在戈壁灘裡，就算能活著離開，也會吃上無法想像到的苦頭，這樣的人出來之後也不會行惡了，所以也無謂追捕，任由他走命運安排的路。

不論這個故事的可信程度如何，但起碼給了我一個有關新疆的初步印象，除了戈壁大漠的險惡之外，還有一衆獄警的人情味和憐憫之心（笑）。如果眞有胖子口中的那個人，不知道是否被關在巴楚監獄裡呢？

一百公里

我不敢直視 Pierre 的眼神，他帶我看過那麼多的名山大川和風土人情，我卻帶給他這樣的傷痛。

我和 Pierre 繼續走在戈壁荒漠的公路上。在筆直的公路上，除了偶爾看到載滿棉花、滿得東歪西斜的大卡車，和行走在南疆線的列車之外，戈壁灘上沒有一種東西會像我和 Pierre 一樣徐徐地向著一個方向前進。對比幅員遼闊的戈壁灘來說，我們簡直與蝸牛爬行無異。我開始愛上這種遺世獨立的寂靜之美，有些時候我甚至可以聽到耳邊的空氣在緩緩流動的聲音，彷彿在跟我竊竊私語。

出發走了十餘公里，Pierre 又開始有點跛腳，雖然已經釘上新的鐵掌，但看來 Pierre 還沒從之前鐵掌磨蝕的影響之中恢復過來。Pierre 每走一步，都會輕輕地拐一下，我害怕他的傷勢會加重，所以只好下車牽著他慢慢走，希望他明天會恢復過來。以之前的經驗來看，輕微的跛腳不算是一個大問題，通常經過一晚的充分休息之後，Pierre 就會恢復過來，跟以前一樣健步如飛。

有如荒漠長蛇般的南疆線列車。

休息一天之後，已經離開阿恰鄉差不多三十公里，Pierre走起來的時候依然有點跛，當時我想過要不要往回走，回到阿恰鄉休息過後再出發，但畢竟三十公里不算短，以Pierre現在的狀況來看，我們要足足走一天才可以回到阿恰鄉，既然現在距離下一個鎮——三岔口只有八十公里的路程，不如忍耐一下，慢慢走過去，唯一的問題是驢車上剩下的水只夠Pierre喝兩天，我們必須要在第三天到達三岔口鎮補充食物和水。

有時候轉過頭來看到Pierre的眼神，不知道是不是我的心理作用，好像流露出委屈，卻又無可奈何的心情。如果我早點看到這個眼神，或許我會折返阿恰鄉，讓Pierre休息足夠之後再繼續上路，但現在已經快走到一半路程，不能半途而廢，更不能停下來休息一整天，因爲書上說毛驢缺水的話，會產生很多併發疾病，所以我們只好堅持下去。

我繼續把韁繩提到肩膀上拉著 Pierre 慢慢地走，走累了的話我們會稍作休息。我輕撫著 Pierre 的前額，像摸著家裡花貓的眉心一樣溫柔，以期撫平 Pierre 的痛苦，但我不敢直視 Pierre 的眼神，他帶我看過那麼多的名山大川和風土人情，我卻帶給他這樣的傷痛，有時我會覺得或許帶上 Pierre 去旅行是一個錯誤的決定，甚至可以說是自私。面對大自然無與倫比的威力，嚴酷環境的挑戰，我也不敢說自己一定可以全身而退，更何況要同時兼顧一頭毛驢。

如果可以從頭開始，讓我再選擇的話，我也許會打消趕驢車去旅行這個念頭，但現實不能逆轉。Pierre 願意陪我走到今天，是因爲他相信我所做出的承諾，Pierre 以自己的生命馱上我旅行，我將會盡我所能去保護 Pierre，作爲我最卑微的回報。

到三岔口鎮只餘四十公里，Pierre，我們先撐過去吧！

曾幾何時，在工業革命之前，人類還沒享受到機械的便捷和效率，不管是農耕民族還是游牧民族，人類的生活都離不開牲畜的勞動，牲畜直到活活累死也難逃被宰殺的命運。如今，機械已經取代畜力爲人類服務，但牲畜的命運似乎比以前更坎坷。例如現在新疆的

戈壁灘的風景一成不變，看久了有點想打盹……

毛驢數目確實大不如前，在鄉間，有很多維吾爾族老鄉選擇了機械工具，他們開拖拉機，以現代化機械代替毛驢犁地和運輸等。老鄉們的思維很簡單，只不過是因爲機械的效率更高而已，但結果是毛驢逐漸被淘汰，農村裡的毛驢愈來愈少，說不定到了某一天，我們只能隔著養殖場的柵欄，才看得到可愛的小毛驢。如果一頭毛驢失去勞動的價值，那麼牠的存在，特別是對漢人來說，就只剩端上餐桌的意義而已。

儘管牠們的結局是如此悲慘，但回首過去，赫然發現其實我們並非如此無情。以牛爲例，牠們世世代代爲人類提供服務，身後總是拉著沉重的犁，成爲中國人以農立國的得力助手。縱使牛不懂得向人申辯，但人們在榨取牛身上每一分體力的時候，卻會同時間懷著一顆感恩的心，從而衍生出「慰問耕牛★」的習俗。有些少數民族會用不同的方式替耕牛賀歲，例如貴州的布依族，會在農歷四月初八爲牛賀歲，耕牛可以在當日休息一整天，還可以吃上村民獻上的糯米飯。

直到現在，牛早已經不再是人類的工作夥伴，絕大部分人一想到牛，只會聯想到各式各樣以牛煮成的菜餚而已（驢亦然）。他們認爲牛生存在這個世界上，唯一作用就是作爲人類的食物。久而久之，這種想法變成理所當然，人類把「忘恩負義」這四個大字詮釋得淋漓盡致。

我從前也不曾了解「慰問耕牛」背後的動機，城市人不會明白爲何農夫會不敢正視耕牛的眼神，今天，Pierre 的眼神教導了我，「慰問耕牛」並不是一種假惺惺的造作心態，而是所謂「萬物之靈」的人類，曾經懂得尊重其他物種，證明「人禽之辨」的其中一種體現。

來到三岔口鎮之前，Pierre 的腿已經痊癒，但我還是不敢讓他負荷太重，牽著 Pierre 走了三日兩夜，一百多公里的路程，終於到達三岔口鎮，在那裡補足飲用水，買來胡蘿蔔、玉米和白菜，我們繼續往中國最西面城市——喀什進發。

結在上臀帶的裝飾毛球，成了這片大地上最豔麗的東西。

★阿Q旅語

國內一些少數民族，特別是從事農牧業生產的民族，每年均有「慰問耕牛」的活動。不同民族挑選了不同的日子，作爲牛的誕辰：當天，族人會讓牛整天休息，並會餵食一些更優質、平常不會餵牛食用的食物，如糯米飯、麵饃（一種包點）、麥草等，有些民族更會把牛牽到河邊洗澡，並在牛欄旁插幾根雞毛和鴨毛，祈禱耕牛平安健壯。

感激動物

爲什麼都市人不會對動物懷有感激的心？是因爲沒有親眼看到牠們每天辛勤工作？是因爲生活上不需要與動物作伴？

下次吃肉的時候，想想這些動物爲你的溫飽做出的犧牲，好好感激一下牠們。

終章

遙遠的喀什噶爾

最遠的探險是內心之旅。

——哈瑪紹（Dag Hammarskjöld）

荒漠裡的水

他突然而來，又突然而去，就像我的守護天使一樣，把我遇到的困難統統解決掉，然後便離去。

我在地圖上看到在廣闊的戈壁灘裡面居然有一個湖泊，而且就在314國道不遠處。後來問過當地人，才知道那不是天然湖泊，而是一個有幾十年歷史的大型水庫。因爲水產鮮美，所以帶動了飲食業的發展，商家也因此而聚集，並在水庫旁邊建立起西克爾庫勒鎮，即使到現在也能看到幾家由四川人所開的魚館，而伽師縣各大大小小的鄉村都要靠這裡的水來灌溉農地，成爲了伽師縣的命脈所在。

我們來到西克爾庫勒鎮，首要做的是補給 Pierre 要吃的飼料。在鄉村小路上，遇到一個背著木柴的大叔，他說他家裡有苞穀，可以轉賣給我，但每公斤要賣五塊錢。

「怎麼會那麼貴？在其他地方只賣兩塊錢一公斤！」我努力地嘗試砍價，雖然我知道自己在這個地方根本沒有選擇，但價錢似乎也高得有點不合情理。

「你是在庫車買的吧！這裡沒有那麼便宜！」他回答說，這也是我意料之中的答案。

在驢車上拉出一條晾衣繩，但我自從離開阿克蘇之後就再沒有洗過衣服。

最後經過一輪談判之後，老鄉才願意以三十塊錢八公斤的「折扣價」賣給我，他順手把地上幾大捆木柴全都放在驢車上，要我拉著Pierre跟他回家拿苞穀，我覺得他頗有機心，有人幫他背木柴之餘，還可以賺一筆，我每次想到這一點就會氣在心頭。怎料到了他家之後讓我更生氣，他要賣我的是一根一根完整的玉米，而不是一粒粒曬乾的苞穀。這樣秤算的話，八公斤的玉米，Pierre可以吃得上的其實不多，我明明已經解釋得很清楚，但結果還是讓我失望，無奈我別無選擇，只好買下來。我一時意氣下說了很多晦氣話：「我去過新疆那麼多的地方，這裡的人最壞了。」「我的毛驢幫你背木柴我都沒收你的錢。」我故意說出難聽的話，不過我覺得他沒有聽懂。

出乎意料地，他本來已經秤足八公斤玉米，但又再撿了幾根丟進麻布袋裡，之後又多丟一些，前後多塞了很多玉米給我，雖然沒有再量秤一次，但我肯定麻布袋裡已經裝上十五公斤左右的玉米。大叔把麻布袋遞給我的時候，還附加一句：「新疆人都是好人。」後來他又帶我去房子的後園，給我多拿一點玉米稈子，我當時馬上臉紅了，羞愧自己之前口出狂言。我不敢肯定大叔沒想過要貪圖蠅頭小利，但換個角度去想，如果我自己存心要占小便宜的話，占到手之後肯定轉頭就走，連拜拜也不會跟你說。其實我的想法還不如大叔純潔簡單。

在驢車上的飼料，還不一定足夠 Pierre 一路吃到喀什去。我們經過一家維吾爾族餐館，看到招牌上各式各樣的拌麵圖片，我感覺到肚子裡的胃液頓時沸騰起來，要催促我快點丟些東西進去分解消化，於是我為 Pierre 卸下驢車，將 Pierre 拴在電燈柱上，叫上一碟丁丁炒麵，但到上桌的時候還是普通拌麵。

吃飽後，在對面一家賣菜的小店裡買了十公斤胡蘿蔔，順便打探一下哪裡可以買到乾草和苜蓿。多得 Pierre，我經常會成為群眾的焦點，這一次也不例外。有一個騎著摩托車的老鄉知道我的來意，他說他家裡有苜蓿，沒有談價錢，直接要我上他的摩托車；我又一次走進維吾爾族人的鄉村。原來老鄉已經把家裡的牛和驢賣掉，剩下來的苜蓿已經沒有用，他找來幾根繩子，捆起幾大把苜蓿，於是我雙手各拿起一大把沉重的苜蓿，坐在摩托車後座，顛簸著回到原點。下車的時候，我覺得我的手都痠痛得快要廢掉，除了說一聲謝謝，

很重嗎？誰叫你要吃這麼多……

還來不及多說兩句話，甚至幫他拍個照，老鄉已經駕著摩托車揚長而去。他突然而來，又突然而去，就像我的守護天使一樣，把我遇到的困難統統解決掉，然後便離去。

離開西克爾庫勒鎮的時候，是驢車負載最重的一次，Pierre 的飼料占最大的比重，包括十五公斤玉米、十公斤胡蘿蔔、一大束玉米稈子，還有幾大把苜蓿，Pierre 不愁在去喀什最後的一段路上沒得吃了！

牧驢記趣

一路走上千餘里，見過很多收費站，驢車跟自行車一樣，可以隨便過，不收費，但趕驢車過收費站竟然成為令我頭痛的其中一件事。每當我要過站的時候，所有人的眼光都會聚焦在我和 Pierre 的身上，在旅程剛開始時我還會覺得尷尬，後來習以為常，也許這個出行方式對很多人來說還是很特別的。

最讓我頭痛的是穿過收費站時那該死的欄杆，每次走到欄杆前，站務員都會緊緊地盯著我，眼神跟著我移動。我初時以為他們只是一時沒反應過來，所以沒有按鍵升起欄杆。其實不然，他們只是怕我的驢車撞壞收費站的設施，但重點是他們要我利用欄杆與路肩之間的空位通過去，要知道我的驢車大約有一米寬，只能僅僅擦杆而過，每次都會險些就撞到欄杆，我到過那麼多收費站，只有一個長得漂亮又大方的站務員願意為我和 Pierre 這一對卑微的旅客按鍵，但正面一點來看，正是之前的磨練，讓我可以練成高超的趕車技術。

還是沒升起欄杆，我又差一些要賠錢。

我們愈來愈接近收費站，綠色通道對驢車來說一點都不綠。

最後衝刺

沒想到 Pierre 也會成爲我幸福的來源之一。

愈來愈接近最後的目的地——喀什市，也就是說我和 Pierre 分別的日子也即將來臨。一個馬拉松選手在快要衝過終點時，心頭一定會湧起一陣熱血澎湃的興奮，但我卻沒有絲毫激動，反而內心一片死寂，彷彿壓在一塊石頭之下。我想，那塊石頭代表的一定是 Pierre，因爲此時此刻，除了替 Pierre 安排往後的生活之外，基本上沒有其他事情會讓我擔心。

我曾經閃過一個念頭，將 Pierre 放生在西克爾水庫裡，那裡水草豐足，Pierre 可以享用吃之不盡的葦穗，他會與水庫裡的水鳥和野鴨結成好友，或許 Pierre 今後可以擺脫人類的使役，重獲大自然萬物應有的自由。但細心一想，毛驢已經被人類馴化了幾千年，以 Pierre 溫和又不怕陌生人的性格，他怎麼可能懂得保護自己？要把他誘騙到手然後宰掉也是易如反掌。

幾經思量之後，我決定還是跟 Pierre 一起先到喀什，看看能不能趕上星期天巴扎，在

我也想當一個「趕驢人」。

畜牧市場裡找尋一個需要毛驢幹活的維吾爾族人，把 Pierre 賣出去，也許還可以留下一個買家的聯繫方式，等到我有空再去喀什的時候，再探望一下 Pierre，重溫我與 Pierre 的友情。

我下定決心要在星期天之前趕到喀什，但那天是星期三，距離喀什還有約一百四十多公里，如果以平時悠閒的狀態上路，一天走三十公里的話，肯定不能在星期天之前趕到喀什，那麼我們還要在喀什再多等六天，等到下一個星期天才可以帶 Pierre 到畜牧市場。

於是，我計劃好在頭兩天每日走上五十公里，星期五便會抵達阿圖什市，接著多走四十公里左右就可以在傍晚之前抵

最後一個與 Pierre 一起紮營露宿的晚上……

Pierre ！你趕路之餘也要小心超速，我可不想車毀人亡……

達喀什市。起初我以爲這樣的計劃，一定要連夜趕路，披星戴月，會對 Pierre 造成很大的壓力，但沒想到，我們慣例在早上十點出發，下午兩點休息，到四點再出發，Pierre 都可以在八點天黑之前走完五十公里，所以說之前的進度對 Pierre 來說其實算是輕鬆，如果我們一開始可以每天走五十公里的話，大約一個多月就可以到達喀什市。

我們最後的衝刺得到老天的庇佑，沒有遇到強風，沒有遇到冰雹，順順利利地在星期五趕到距離喀什市四十多公里的阿圖什市，我們在城邊鄉郊的空地上紮營，那是我和 Pierre 最後一個露宿的夜晚，我如常爲 Pierre 準備飼料。

那天晚上我特別多餵胡蘿蔔和玉米，Pierre 吃得很高興，他所要的幸福其實也不過如此。我躺在帳篷裡，故意拉開一道門，讓我可以仔細地看看 Pierre，這樣的情景，就好像一個母親，坐在公園的長椅上，帶著微笑凝視在遊樂場嬉戲玩耍的子女一樣，沒想到 Pierre 也會成爲我幸福的來源之一。

早上從睡袋裡爬出來，天氣愈來愈冷，可以看到帳篷外凝結了一層薄薄的冰霜，還好我們即將抵達喀什，不然在路途中再遇風雪的話，恐怕 Pierre 會驢命難保。

才剛剛日出，我忍受著寒氣踏出帳篷，雙手瞬間便被凍僵，一舉一動都倍感吃力。每次出發前整裝都要花上大半個小時，這時空氣冷得快要凝固，只要一觸碰到帳篷的鋁管和鐵製的驢車，五指都會冷得陣陣發痛。我必須加快收拾的進度，否則雙手的關節會更難受。

那天的日出格外柔美，只是天上雲層有點厚重，我們繞過阿圖什市，公路上來往喀什和阿圖什的車輛愈來愈多，我們更顯得標奇立異，從飛快掠過的汽車車廂裡，我依稀可以看到乘客們都在打量著我和 Pierre。Pierre 仍然奮力地奔跑著，驢車一顛一顛的，雖然比起現代化的汽車還是慢得多，但我依然很欣慰能看到一個生命爲自己付出無價的汗水。我相信在這個世界上，包括我在內，沒有一個靠在軟墊的乘客，會感謝長途客車的引擎所付出的勞力吧。

天空很快變得灰濛濛，連僅有的一絲陽光都被遮蔽住，而且還不留情面地刮起強風。有一次，我心愛的披肩都差一點被吹走，幸好我反應敏捷，及時轉身抓住披肩。冷風吹得我陣陣發抖，我蜷縮身體、抱著膝坐在驢車上，突然感覺到輪胎滾動的頻率有點不對勁，Pierre 的速度慢下來。乍看之下，原來是內胎又一次爆掉了，在最後一天的旅程還要換一次輪胎，真是造孽啊！

我們繼續往前行，找一個可以停泊驢車的地方，方便自己換內胎。路邊有一個維吾爾族人在擺攤子賣葡萄，還自己生火取暖，我把驢車停在他的攤位附近，拿好工具，下車開始換胎。把內胎取出來之後，找了很久都沒有找到打氣筒，我的天！肯定是之前弄丟了，我花了那麼多工夫，又停車又撬胎，現在竟然前功盡廢，而且拖慢行程，我實在太大意了。我只好以爛輪胎繼續上路，幸好旅程已經到了尾聲，否則爆胎會導致輪組變形，更多問題會隨之而來。

喀什市裡的一個小標誌。

迎賓大道上有計程車車隊在等加天然氣（圖左方），這是新疆常見的現象。

走過一條大直路，之後的路段比較輕鬆，大多都是下坡路。越過庫曲灣橋，穿過收費站，我們終於來到喀什市。那是本來遙遠的喀什噶爾，現在只差一步之遙，便能走進老城區。來喀什之前，我有一個小小的願望，我很想牽著 Pierre 走進喀什市內，逛逛富有維吾爾族特色的老城，作爲我和 Pierre 最後的共同回憶，但後來知道老城區已經拆遷，便打消了這個念頭。

進城之前，聯絡上一家青年旅館，只有這家店的老闆容許我把 Pierre 拴在店門前，我二話不說立即趕車過去。繞過解放路，走進喧鬧繁忙的人民東路，來到東湖，問過幾個行人，才打探到青年旅館的確實位置。

我牽著 Pierre，遵守交通規則，順著斑馬線過馬路，最終來到位於小區內的青年旅社。我跟 Pierre 互相對看了一眼，然後怔怔地看著旅館門口。我有很長的時間都沒有住過青年旅社，現在還拉著 Pierre，有點不知所措。過了沒多久，樓上有人喊了一句：「你終於來了！」我摸摸 Pierre 那跟兔子一樣的長耳朵，看著 Pierre 說：「是的！我們終於來了！」

進城囉！

離別在即

Pierre 沒有跟我說一聲再見，或許我跟他，眞的這一輩子都沒有機會再見。

「筵席無不散，此情成追憶。」

在趕到喀什青年旅館的那一個晚上，我將 Pierre 拴在旅館門口的電燈杆上，靠在一輛藍色小車的旁邊，我特意請老闆給我安排一個可以在凌晨時分觀察到 Pierre 的床位。我洗過一個熱水澡，把身上累積多天的汗垢沖洗乾淨之後，倦意馬上來襲，我覺得自己可以不消半分鐘就睡得著。我躺在柔軟的床上，閉起雙眼，在漆黑之中只看到 Pierre 活潑地彈跳，在我眼前晃來晃去，偶然還會聽到 Pierre 那天眞的鳴叫聲，如夢似幻，我有點分不清楚是眞是假。我的身軀雖然疲憊不堪，但在精神上還是很清醒，我知道這一個晚上根本不可能睡熟。

我墊起枕頭，背靠在冰冷的灰牆上，從窗戶望出去，Pierre 一動都不動的，而我爲他準備的那一盤飼料，只剩下空盤。街燈映照出昏黃的街道，讓我有種錯覺，以爲外面還是很溫暖，Pierre 應該睡著了吧？我看著 Pierre 看得出神，整個世界都像電影裡的定格一樣，剩下一片沉默和死寂，我以爲 Pierre 會抬頭看我一下，但 Pierre 依然低著頭，也許他還沒有意

準備好就出發趕巴扎！

識到我們即將要分別，我看久了，眼簾便自然地往下垂。不過因爲我害怕晚上會有壞人偷走他，或是有巴郎戲弄他，馬上又會驚醒過來定神看著他。這個循環重複了好幾次，這個就是我們一起的最後一個夜晚，而我卻只能隔著冷冰的窗戶看看他。

在最後一天與 Pierre 來拍一張合照。

早上醒來，一如以往，我第一件要做的事情是要餵飽 Pierre，下樓的時候，還沒走完整條階梯，已經聽到 Pierre 的鳴叫聲。腳一踏在地面，就看到他那惹人發笑的驢臉，我忍不住先去抱他一下，拍拍他的脖子，接著才去準備飼料。我拿著胡蘿蔔，一根一根地親手餵到 Pierre 嘴裡去。

旅館裡有幾個遊客也有興趣跟我一起到星期天巴扎去湊熱鬧，Pierre 可以順便載上幾個人，讓大家感受一下坐驢車的速度是有多慢的。出發之前我找到一個維吾爾族婦人，替我用維吾爾語在白紙寫

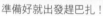

上「賣驢和驢車」，或許這樣在驢市上開門見山，跟維吾爾族人溝通會比較方便。

架起篷子，戴起鞍套，我們浩浩蕩蕩地坐著驢車再一次趕巴扎。驢車上連同我坐上了四個人，應該是Pierre負荷最重的一次。我們要趕驢車到城郊鄉下，本來想要繞城出去，結果迷失了方向，查看網上的地圖，知道應該走過整條人民路，那是喀什市最繁榮的街道之一，是喀什的市中心。我很不願意趕著驢車過街示衆，但這次迫於無奈，爲了盡早到巴扎找尋合適的買家，只好穿過市中心走捷徑。

Pierre患有圓形恐懼症，一路上如果看到掉在地上的繩子，而繩子又剛好丟成一個圈圈的話，Pierre一定會繞道而行，繞行的時候還會繼續緊盯著那一根圍成一圈的繩子，生怕它會突然變成毒蛇，向他飛撲過來。Pierre絕對不會跨過或是踏在任何圈圈上，而城區的街道上剛好有很多圓形的溝渠蓋，這對我和Pierre造成了很大的麻煩。每次

用維吾爾語寫上「賣驢和驢車」。

遇上溝渠蓋，Pierre 都會臨時煞停，等我下車牽著他走過溝渠蓋，他才能夠安心繼續前行。街上的溝渠蓋實在太多，耗費了我們不少時間。

在熙來攘往的人民東路上，我們成了人群的焦點，讓我渾身不自在，我喝令 Pierre 全速前進，盡快離開人煙稠密的城區。有一個女交警舉手示意我停車，我怕浪費時間跟交警解釋我的所作所爲，所以沒有理會那女交警的指示，繼續驅車前行，後來聽同坐驢車的朋友說，那女交警本來打算用對講機，呼叫前方的同袍把我們攔下來，幸虧朋友們舉起那張寫上「賣驢和驢車」的維吾爾語牌子，她看到牌子便對他們微笑，同時放下手上的對講機。

我們繼續走了約十公里，路上的驢車愈來愈多，這也代表著我們愈來愈接近巴扎。一路上 Pierre 都在奮力地跑，從來沒有見過 Pierre 在拉車的時候可以跑得這麼快，以前一向都是老鄉的驢車從後超車，但這一次卻是 Pierre 一直在路上超前。Pierre 大概是一頭很愛面子的毛驢，看來他是想向車上另外三個客人展示眞正的實力，或許 Pierre 也想在最後一次替我拉車時，給我留下一個美好的印象。我確是因爲他的速度而震驚，在驢車上拍打 Pierre 的屁股，一邊跟他說：「壞蛋！原來你之前一直都是在騙我，你只是想偷懶慢慢走！」

終於來到巴扎的畜牧市場，事前各朋友都建議我開價三千五，讓買家逐步殺價，最理想的是讓步一千，能賣得兩千五的話我就可以取回成本。但我當然知道世事不能盡如人意，

驢車上連我在內坐了四個人，熱鬧的人民路上，我與 Pierre 成為焦點！

對我來說，能賣到多少錢並不是重點，最重要的是可以幫 Pierre 找到一個好歸宿，既可以幫農家幹活，又可以得到適當的照顧，總比被廚師放到盤子裡，讓服務員端到餐桌上來得更有價值。

我舉起牌子等待有興趣的買家，很快就有一個漢人前來問價，我問他是否要買毛驢回去宰殺，他也不諱言說出他買驢的目的。我摸著 Pierre 的頭顱跟那個人說：「對不起，他是我朋友，我不能把他送去給別人宰殺，就算你付一萬塊我也不會賣。」（我當然知道沒有人會用一萬大元買走 Pierre。）

我賣 Pierre 也有一個原則，也與當初買 Pierre 的時候所想的一樣，我只賣給維吾爾族人，一來維吾爾族人禁吃驢，二來驢死的時候

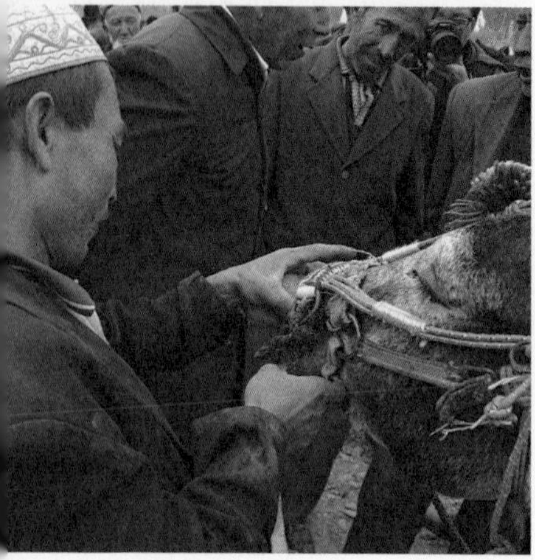

有些想買毛驢的人會來檢查 Pierre 的身體狀況。

我是市場上唯一一個漢族賣家，加上驢車的造型獨特，吸引了很多人前來觀看。

維吾爾族人還會把牠們埋葬在樹下，即使毛驢死去還是會得到人們的尊重。

接著有一個維吾爾族人來問價，他挑剔地說我的 Pierre 瘦弱，我馬上拿起數位相機，翻出一路上我和 Pierre 的照片，還吸引了很多其他老鄉前來觀看，我說：「我從庫爾勒一直趕著驢車，繞到巴音布魯克再到庫車，然後到這裡，一千多公里啊！」當我翻到 Pierre 越過鐵力買提達坂的照片時，我又說：「我的毛驢連雪山都可以翻過去，還有什麼事做不到？」前來問價的人愈來愈多，朋友們叫我耐心一點，等待有誠意的買家，但大部分出價很低，有的叫價一千塊，就想買下 Pierre 和驢車，我覺得他們很多人根本沒有興趣買下來，純粹只是無聊，想找我閒扯而已。

有一個維吾爾族人問過我幾次價錢，我也留意了他一陣子，他一直在市場裡看驢，似乎沒有找到合他心意的。每隔一段時間他就來找我問價，直覺告訴我他是有誠意要買 Pierre，只是價錢沒談攏而已。有一次他又來問價，已經不知道問過多少次了，我問他：「你家要毛驢幹什麼？」那個人的漢語說得不錯，他回答說：「我剛搬家，家裡有很多東西要拉來拉去，而且家裡有農田，以後還要用毛驢幹農活。」

他還跟我說了一段很重要的話，使我願意把 Pierre 交託給他。他說：「你賣給其他老鄉的話，他們有些人也會轉賣給驢肉店，賺取中間的差價；你賣給我，我就是只要用毛驢來幹活。我把我的地址和電話留給你，你以後可以隨時來看你的毛驢，來我家住一個禮拜也沒有問題！」於是他掏出了錢包，拿出身分證，讓我抄寫他的地址，我把地址和電話都抄下來之後，還用照相機把身分證拍下來，我也沒有再堅持定下的底價，他開價一千八，我就以這個價錢賣給他了。

旅館的朋友提議我和 Pierre，還有那位買家一起合影，我的相機裡頭其實沒有太多跟 Pierre 的合照，那一刻實在有點自責，爲什麼我沒有多用相機留下我和 Pierre 共聚的時光？那時候我才突然意識到，我跟 Pierre 馬上就要分別，從此天各一方，也許永遠沒機會見面……

合影過後，我握著買家的手，認眞地叮囑他：「這毛驢是我的朋友，跟我一起走過很多路，你一定要好好照顧他。」

Pierre 還是老模樣，睜大他那黑滾滾的眼睛，用天眞又帶點傻氣的眼神和我對望，也許

Pierre 永遠都不會明白，我那一刻難捨難離的心情。買家接過我手上的韁繩，牽著 Pierre 轉身而去。Pierre 沒有跟我說一聲再見，或許我跟他，眞的這一輩子都沒有機會再見。

我凝視著 Pierre 的背影，那一刻我聽不見巴扎裡喧鬧的叫賣聲、貨車的引擎聲和其他毛驢的鳴叫聲，我握著戴在手上的念珠，只聽見自己心裡一直重複地唸著：「但願 Pierre 以後好好地過日子。」直至看不見 Pierre 的身影爲止。

這樣的結局很平淡，沒有濫情哭啼，更沒有歇斯底里，但也許只有這樣才能給我一個眞實的回憶，凡事都戲劇化，刻意放大個人的愁思悵緒的話，也太像肥皀劇了。尼采曾經說：「人也許某一天會問動物：爲什麼你不向我談一談你的幸福？爲什麼你總是沉默不語？你對我有什麼看法？動物也願意回答，並且說：『這是因爲我總是馬上忘掉我要說的話。』——但此時牠也已經忘掉這個回答而保持緘默，以至於人對此大爲驚奇。」

他問動物的問題，我也曾經問過 Pierre，不過 Pierre 也沒有回答我，我不知道他是否想要開口，卻因爲動物習慣遺忘的天性，而保持緘默，但我知道自己並沒有對此驚奇，因爲我明白，遺忘擁有巨大的力量，它厲害得可以殺死每一個刹那，或許 Pierre 在我們離別的那一瞬間裡，心中滿是無比的難過，但他在下一刻卻因爲遺忘，而把難過一掃而空，繼續找尋他自己當下的幸福。我不曾擁有這種力量，這終究是人畜之別，但我也會試著遺忘，不讓離別的思緒化成尖刀，刺向我的心靈，侵占我本來該要擁有的當下。

回到城裡，我買了第二天去烏魯木齊的火車票。火車緩緩前行，帶我回看跟 Pierre 一同走過的南疆線。我靠在窗邊，看著無邊無垠的戈壁灘，那似曾相識的公路，那泥黃色的乾土地，還有那在風中搖曳的蘆葦叢，一個接一個場景慢慢地從我的眼梢退去，像一部正在回放的電影一樣，一幕幕重現在我眼前。這一刻我又好像看到一頭小黑驢在路上堅毅不屈地拉車，驢車上正坐著一個年輕小夥子……

維族買家。我把你的容貌記住了，千萬別讓我知道你對 Pierre 怎樣了！

Pierre, Wish you love and all the best ！

添一點苦

離別眞苦。既然如此，爲何要在已經夠苦的人生之旅，製造額外的苦？

但如果因爲怕苦而什麼都不嘗試、不開始，人生也許會少一點苦，但將會淡然無味。

後記

其實，我曾在跟 Pierre 分別之後的第二天，跟買家再確認 Pierre 的情況。自此之後，每次當我翻開手機通訊錄，都有衝動關注 Pierre 的生活狀況，但同時，在每一次按下撥號鍵之前，也有另一股無形的壓力制止了我。其實在我心裡，一直還是很懼怕那維吾爾族買家口中說過的那些變賣毛驢、賺取差價的人，縱使我在事前花過很多功夫，也有他的個人資料，甚至從驢市上其他人口中調查他的品格，但我還是害怕自己信錯人，還失信於 Pierre。我曾經答應過 Pierre 會替他找一個好歸宿……

我在想，這份恐懼、害怕面對不幸現實的內心糾結，都源自我對 Pierre 的深厚感情。我只想 Pierre 以後都可以好好地活著，得到適當的照顧，絕不希望打破這個美好的憧憬，所以我選擇沉默，把頭埋在地下，不聞不問，讓 Pierre 永遠在我的心裡過著我所想的幸福生活。

在寫到「離別在即」那一章的時候，我又回想起很多在驢市上的情形和細節，無可否認，Pierre 的新主人，也許在我們漢族人眼中，五官面相長得有點奸詐，當他講到驢市有其他人以變賣毛驢爲生的時候，我才開始覺得他可信，加上他漢語說得不錯，以後可以打電話查詢關於 Pierre 的近況，我才會把 Pierre 交託於他。終於我在下筆之前，鼓起勇氣給維吾爾族買家打一通電話，從他的口中確認到 Pierre 現在生活得很好，他還說讓我明年來喀什探望 Pierre。眞的，我想我一定要在大地回春之後，儘量安排一個時間再到喀什探望我的老朋友。

對我來說，新疆實在太大，即使大多維吾爾族人都信仰伊斯蘭教、講同一種語言，並擁有同樣的文化，但維吾爾族人也會因爲分散在遼闊的土地上，而造成不同的差異，絕不能以一種單一的觀念和價值去判定他們。我只是一名過客，不可能在這短時間之內，全然了解新疆的面貌，只可盡我所能，利用自己低劣的文筆，把我在旅途上所遇到的人和事，以及我當時的心情，以文字和圖片呈現出來。但有一點肯定沒錯，如今很多人對新疆有誤解，以爲新疆到處是暴亂，維吾爾族人生來都是小偷，這都可能是因爲媒體渲染所致，所有人都應該親自用自己的雙眼去觀察事物本質，否則腦袋只會跟著別人的思路去想事情。當你去過的地方愈多愈遠，應該愈需要擁有一個開放的心靈，接受新的知識和別的文化，你的個人經驗，根本不能成爲一件事的全部。

最後，我希望能在此感謝兩個人。

首先要感謝新疆庫爾勒龍行青年旅社的老闆——李濤傑先生，他是一個對新疆人文、地理、歷史、民俗、戶外活動、探險和旅行各方面都非常了解的人，也是一名鍾情於戶外徒步和探險的愛好者。因爲有他的協助，我才能得以順利實現自己趕驢車遊新疆的想法，如果缺少他的幫助，也許這個意念早已胎死腹中，也就不會發生這個故事，更不用說集結成書。

我還要感謝我的女朋友——雙雙，有一點我想向各讀者說明，我並不是在整個旅程裡，都是孤單一人的，她曾飛往新疆，再趕上幾趟車來到巴音布魯克跟我會合，最後和我一起走了約一個月的時間到拜城，可惜她因工作的關係，需要返回成都，不能一起到達喀什。我之所以沒有將她寫出來，是因爲不希望這個故事的重心會落在我和她之間的交流上。但她在旅途中，忍受風吹雨打，沒有一句怨言，又幫忙細心照顧 Pierre。我最終能完成這次旅行，她也是功不可沒的。

除此之外，她更替我用另一視角去拍攝我和 Pierre 的照片（要知道我一個人趕驢車旅行的時候，根本無暇分身拍照），這書裡的照片有一部分就是由她拍攝的，而讀者們所看到的精美插圖，大部分也來自她的手筆。有很多時候，一些本來應該要拍下來的場景，卻因爲我們在旅行時太繁忙而錯過拍攝機會，但是憑藉記憶，最重要是她的手繪功力，把那些已經錯過的場景，重新在畫紙上呈現出來，而且她的畫風更帶出一種別致的美感，沒有這些手繪圖的話，這本書將會缺少很多光彩，所以我要再一次衷心感謝她。

阿Q
二〇一二年　春

Oh! My Pierre!

國家圖書館出版品預行編目 (CIP) 資料

趕著驢車去新疆 / 鍾振翹著 . -- 初版 . -- 臺北市 : 遠流 ,
2012.12
面； 公分 . --（綠蠹魚叢書 ; YLK43)
ISBN 978-957-32-7079-9(平裝)

1. 遊記 2. 新疆省
676.169　　101020217

綠蠹魚叢書 YLK43

趕著驢車去新疆

作者／鍾振翹
出版四部總編輯暨總監／曾文娟
資深副主編／李麗玲
企劃／王紀友
封面・內頁設計／唐壽南

發行人／王榮文
出版發行／遠流出版事業股份有限公司
地址／台北市 100 南昌路 2 段 81 號 6 樓
客服電話／ 02-2392-6899
傳真／ 02-2392-6658
郵撥／ 0189456-1
著作權顧問／蕭雄淋律師
法律顧問／董安丹律師
輸出印刷／中原造像股份有限公司

2012 年 12 月 1 日　初版一刷
行政院新聞局局版臺業字第 1295 號
定價 新台幣 360 元（缺頁或破損的書，請寄回更換）

ISBN 978-957-32-7079-9
遠流博識網 http://www.ylib.com　E-mail ylib@ylib.com